后浪

野史记

杨早 著

近代中国异闻录

北京联合出版公司
Beijing United Publishing Co.,Ltd.

目　录

清末民初的大臣们

五四！五四！

大学，有大师之谓也

中国新闻血泪史

小引：掌故该怎么写

"掌故"是古已有之的文类，近世尤盛。大抵乐见韵事，喜闻隽语，人情之常。不过，考察掌故勃兴的年代，似乎还都是所谓"王纲解纽"的转型时期。按照布洛赫的说法，人对历史的兴趣，出自回溯过往的本能。是否在动荡不宁的大时代中，大家更热衷于抚今追昔，又听厌了正史的喧嚣，反倒在稗官野史、故老流传中，能寻得别有盎然兴味的一片天地？

掌故有什么用？答案是没什么用。掌故讲的都是些"冷知识"，对于现代人而言，没有皮肤感觉的知识，只能沦为小众的秘藏。不过，冷饭翻炒，转成佳肴，这样的做法也未必行不通吧？我曾有篇小文，为自己"炒冷饭"辩护：

> 现在有了电脑，有了网络，还有了搜索引擎，冷知识还能让我们快乐吗？我写过一些掌故文字，引起了一些不同的看法。有人说：我以前不知道这个，很好。也

有人说：这跟现实有什么关系？我听了前一种评论，就很得意；听了后一种说法，感到惭愧。这说明我也是一个冷知识崇拜者，而且对社会毫无贡献。

关于冷知识的用处，我是这样想的：冷知识不应该是为了解而了解的，它应该参与一种精神生活，把自己变得不再是冷知识。昨夜有个朋友打电话给我，讨论中国电影到底是不是1905年诞生的。这个论题单摆浮搁着，就是一条冷知识。我看中国电影，只问它好不好看，谁管它多少岁了？呦，整一百呀，来，多给个红包。像话吗？拍电影的人也不会想：中国电影还没到一百年呢，咱们省点劲儿。

如果你像我一样，对1905年前后的北京有所研究，你就会想象：一个穿竹布大褂、梳着油光大辫的北京人，走在前门大栅栏的街上。他掏出十文钱，走进大观楼，看见小叫天谭老板，在一块白布上演《定军山》，他的精神生活肯定会受到很大的冲击。有人会说：哼，洋鬼子玩意儿，等老团（义和团）回来，一准把你们抵制了！也有人会想：这个东西真不错，人的影儿会留在布上，还能动换！对于1905年的北京人，中国电影有没有出现，有着切肤的感觉。对于一百年后，像我这样喜欢想入非非的人，它也不是冷知识，而是一种温热的感触。

掌故的写法，一直变化不大。比较《今世说》与《世说新语》，形式相似，却有"天然"与"做作"之别。"五四"诸家攻讦古文，首重叙事，即在于以上古之言语，叙今世之人事，就失了朱文正公"活泼泼地"的真味。至于议论、辞赋，古文别有洞天，自成世界，当然不该一笔抹杀。

有网友说，《野史记》的最大好处，就是把枯燥的历史化成了东北二人转。俺不是东北那嘎达的，但是这些小文的叙事感，确实受益于张寿臣、侯宝林、刘宝瑞诸大师，还有表演工作坊、相声瓦舍对口语叙事传统的传承发扬。有时候，则是想将古事写出新闻特写的感觉来。总之，是想从史实中觅出"有趣"二字来。

《野史记》书名显然是语含双关。是"野史·记"，还是"野·史记"？

本书所写，大都是野史所载——野史与正史重合的地方，当然也有。野史的好处，不用我说，大家都晓得。可以道听途说，可以揭隐发微，可以专事小节，可以不顾大义，可以情有所系，可以笔无藏锋。总之，正史家不大敢做的事，野史家全都敢干。

有许多章节，信笔写来，只敢说是"稗官之言"，不敢妄称"盖棺之论"，否则岂不要惹出若干笔墨官司？好在所写事端，均言出有据，即或是谣诼无稽，在下也不负造谣之责，顶多是传谣。

至于说此书是"野"的《史记》，难免攀附之讥。想那《史记》，乃太史公究天人之际，通古今之变，成一家之言，世称"史家之绝唱，无韵之离骚"，你是何人，竟敢僭称其名，唐突前贤？

《史记》是一部很有意思的书。一方面，它是"前四史"之首，历代正史的滥觞；另一方面，它一问世就被人骂成"谤书"，而且又写了许多后世正史未尝经意、未必敢写的内容。有人声称中国人至爱、中国知识精英至恨的武侠小说，也当从《刺客列传》谈起。

事实上，太史公此书中许多史料，皆得自传闻，而如许绘声绘色的描写，倘非出自作者想象，有谁见来？因此，《史记》不仅为正史之首，同样也是野史之源。

后世的各类野史，也只不过是更"野"的《史记》。我这本小书，是"兔子的汤的汤的汤"，当然就更加野马分鬃，野渡无人，绿野仙踪，野得没边没沿了。

在我看来，野史本来就是形之于文的野老故事，莫说民间的传闻、后人的补记，即使是当时当世的报刊记载，也不敢说一言九鼎，泰山不移，多少总有传说的成分。而上述这些，正是本书的资料来源。

野史里有没有真实？周氏兄弟都说过，爱读野史，因多读野史，反可以得到许多正史中见不到的真相。传说倘可补正史之阙，发正史之隐，称为"野·史记"又有何妨？倘或是荒诞失实的传闻，那也不过是"野史·记"而已，何必认真？

更何况，"重要的不是神话讲述的年代，而是讲述神话的年代"。传说或有真伪之别，反映出的言说者与受众的心态却是一种异样的真实。读者诸君，不妨试观本书，再掩卷思之，哪些篇章，我写得高兴，你读得爽快？

《野史记》这已经是第三个版本。

初版：中国社会科学出版社2005年12月；

再版增订本：生活·读书·新知三联书店2015年3月。

现下这版，又有增删，题文改易，在所难免。感谢为此书付出过辛劳与善意的媒体编辑、出版社编辑、书评作者。你们温暖的名字，我不列举，但常记在心。

杨早

初写于2005年9月，删订于2021年7月11日

清末民初的大臣们

穿着女装考科举，樊增祥图什么

张之洞说，洞庭湖南北有两大诗人，南王湘绮（闿运），北樊樊山（增祥）。

樊增祥一代诗宗，他在清亡后为一代名妓赛金花写的《彩云曲》《后彩云曲》，传诵日下，有人比之为吴梅村《圆圆曲》。其实樊樊山更出名的，是他的成才之路，一部电视连续剧的好题材。

樊增祥的父亲樊燮，曾是湖南巡抚骆秉章麾下一名总兵。那日去谒见抚台大人，抚台让他也参见坐在旁边的师爷。樊总兵不知道利害，参见师爷时没有请安。那师爷大怒道："武官见我，都要请安，你为什么不？快请安！"樊总兵振振有词："我也是从二品的官，为什么要向你一个师爷请安？"师爷更怒，跳起来拿脚踹樊总兵，还高喊："王八蛋，滚出去！"没过几天，朝旨下，樊燮革职回籍。

樊燮这一气非同小可，那师爷不过是一个举人，就觑得武官如粪土一般，我总要我儿子中个进士给你看看！回乡后造了一座读书楼，重金延请名师，不准两个儿子下楼，并且给儿子们穿上女人衣裤，规定："考秀才进学，脱外女服；中举人，脱内女服；中进士，焚洗辱牌，告先人以无罪。"洗辱牌，就是家里祖宗神龛下的一块牌子，上写"王八蛋，滚出去"六个字。

樊总兵的大儿子樊增洵早死，二儿子樊增祥不负所望，考秀才，中举，中进士，点翰林，一直做到江宁布政使护理两江总督。那个师爷呢，一直就是个举人，很大年纪才由朝廷赐了个同进士出身。从科名上讲，樊家完全取得了胜利，吐气扬眉。可是，可是，樊进士真是胜过了这个师爷吗？

老实说，虽然樊增祥诗名很盛，他的《彩云曲》石刻现在还保存在陶然亭慈悲庵。但是近代中国多这么一个人少这么一个人，没有太大关系。可如果没有那位举人出身的师爷，不说别的，新疆恐怕早就被俄国吞并了。

左师爷，左宗棠，中兴名臣，洋务重镇。"国家不可一日无湖南，湖南不可一日无左宗棠"，潘祖荫这句话，是当时世人的共识。

樊增祥当陕西布政使时，朝廷在西安为已经去世的左宗棠建立专祠。全省官员前去致祭，樊增祥不去。自打小时候起，他和哥哥就被教导，要恨这个没有见过面的左师爷，读书楼上，满墙都是他们稚嫩的字迹："左宗棠可杀。"

樊总兵至死也没有明白一点：左宗棠能侮辱他，并非因为左是个举人，而是左宗棠有大本事，又值国家用人之际，主事者求贤若渴——左师爷当时拜发奏折，根本不给骆巡抚看。郭嵩焘进士出身，二品文官，又是左的举荐人，照样被他气得半死。还有陶澍、曾国藩、李鸿章……哪个不受他的气？

　　还有一点，樊总兵也不明白：一个人有大本事、值国家用人之际、主事者求贤若渴——这样的机遇在历史上出现的概率，是很小很小的。左宗棠命好，中了一个超级正彩。你跟一个中彩的家伙较什么劲哪？

给姨太太拜寿，有问题吗

我知道，这个故事已经流传多年，众所周知。可是它总能不期然地浮现于脑海，让我愿意将它再讲一遍。

同治某年的某一天，武昌城里的文武官员，乘轿的乘轿，骑马的骑马，熙熙攘攘地奔波在大街上，人流涌向总督衙门。原来前两日，湖广总督官文发出请帖，说今天是"宪太太"的寿辰，例规县级以上官员都须盛装到贺。这位官文官制军，和后来的南皮张之洞张香帅不同，旗人子弟，好的是漂亮体面，江汉大小上百位当差的，谁敢不把家底儿穿在身上？但见补服鲜亮，帽顶闪烁，朝珠铿锵，喝道声连连，马蹄声嗒嗒，好不闹猛。

百官齐集辕门，挨次递上手版，请总督大人安，祝宪太太福寿双全！以湖北藩台为首，正准备躬身入觐，队伍前列，突然起了一阵骚动。少顷，只见藩台大人挣红了脸，捏着簇新的手版，怒冲冲地自人群中挤出来，边走边嚷："咱们是朝廷命官，他把咱们当什么了？岂有此理！岂有此理！

走！走！"

哗然。互相打听：他这是跟谁？大喜的日子，成何体统？确切的消息很快从前列滚了过来。敢情今儿个不是制军太太的寿辰，只不过是三姨太太的生日！轰的一声，刚才是开水，现在成了油锅。大伙儿也顾不得次序，一径揪住辕门口的中军，索还手版。他官文宠妾灭妻，咱们不能替他长这个脸！咱们的手版呢？还来还来，什么时候小老婆也做起生日来了？国家名器有这么滥用的吗？

手版基本上要回来了，可是走的人不多。巡抚大人还没到，很多人想等着看他的反应——也许是等着看笑话。抚台大人可是平发逆的名将，一定咽不下旗人官文的这口气。每个人都有点受辱的感觉，也许抚台能给他们挽回点儿面子：他可有专折奏事的特权！

抚台的轿子来了……手版递进去了……别吵吵……里面叫请……抚台进去了！他是不是还没听说今日是给小老婆祝寿？谁告诉一声去呀！要去你去，我又不是什么红道台，犯不上掺和！

抚台进去了就没有再出来。而且，据跟来的戈什哈说，抚台知道制军是为姨太太做生日。文武官员面面相觑，半晌，一个个灰溜溜地将手版交回中军。正好制军传令：谢诸位大人到贺，小妾生日，不敢劳动，一律挡驾。这些官员又灰溜溜地上轿，上马，回家。

没几日，湖北官场上盛传：官制台的姨太太，拜了胡抚台的老太太为干娘，见了抚台，一口一个大哥，喊得那叫一个甜。散辕后的饭局中，就有人愤愤不平：胡中丞一代儒将，恁地没骨气！一旁却有老于世故的点了一句：朝廷正在防汉人，不敷衍好旗下同僚，怎能施展手脚？

果然，自此以后，凡是抚台的主张，没有被制台驳回的，就算有什么阻梗，胡抚台让老太太跟干妹妹说说，过一夜，没有不成事的。

在史称"同治中兴"的这一时期，名将辈出，能吏无算。但要说满汉大员间最无掣肘的，当数湖北；一己主张推行最有力的，也得数这位湖南人，胡林翼。曾国藩很感慨地说，胡林翼之难为，在于晓经权之变，而又节行无亏。

送张之洞的寿序，涉嫌抄袭龚自珍？

相声《连升三级》曾入选中学语文课本。张好古被人愚弄，送了一副骂**魏忠贤**是曹操的寿联给**魏**九千岁。谁知这副寿联挂了一天，**魏忠贤**没来得及看，文武百官看见不敢说。到后来崇祯扳倒了**魏忠贤**，张好古反而因为送过这副寿联，连升三级。

所以说艺术高于生活，现实中哪有这么好彩？

八月初三是湖广总督张之洞的五十五岁寿辰，正好碰上张一力创办的两湖书院落成，喜上加喜，总督衙门热闹非凡。贺礼寿文多如牛毛，张香帅（号香涛，人称香帅，与楚香帅无关）最喜欢其中的一幅寿屏，有什么重要客人来了，赶快引去看。这篇寿文通体用骈，典雅堂皇，尽括张之洞平生功业德行，人人赞好，用某大吏的话说，真是"渊渊乎汉魏寓骈于散之至文也"。

偏偏张之洞幕府中有一个机要文案赵凤昌，在旁边冷冷地说了一句："此作好像与龚定庵集中某篇相似。"龚定庵就是龚自珍。正在兴头上的香帅一听，如同一盆冷水浇在头上。不会，万万不会！作此文者，是名重一时的翰林公周锡恩，不仅是我张某人的得意门生，连湖北臬司陈宝箴（陈寅恪祖父）这样的饱学之士，也极为推重，他怎么可能做下这等事来？

不过，赵凤昌的话好像也非空穴来风，好在总督衙门无书不有，且取《定庵文集》来瞧瞧。是了，是这篇了，《阮元年谱序》，开头就有点眼熟……不像话，实在不像话，竟有三分之二与龚文一模一样，另外三分之一的格调句法也如出一辙！阮元的事迹，本来就和我很相似，翰林出身，封疆大吏，办海军，设书院，门生满天下，难怪他能抄得这么贴切！周锡恩啊周锡恩，本帅一向待你甚厚，你竟如此欺我！我还当着众宾客这样夸奖，让天下学人，看到此文，都来讥笑我张之洞不读书！幸好赵凤昌及时指出这一点，才免得我丢更多的丑……

从此，张之洞极疏远周锡恩，几乎从来不见，连周锡恩回京，照例的程仪，当老师的也不送。而且张之洞并不隐瞒此事，渐渐京师也有所风闻。那年翰林院大考，周锡恩的文章技压全场，末了居然只得了二等。为什么？阅卷大臣怕呀，万一又是抄的，那可不只是受人耻笑，皇上会给处分的！

周锡恩受到这样的打击，当然怨恨老师张之洞，但他更恨赵凤昌。自从张之洞和他疏远后，对赵凤昌宠信有加，什么事都要和他密商，以致外间人说赵是"一品夫人"！君子报仇，十年不晚，周锡恩终于逮着机会，狠狠连张之洞带赵凤昌都参了一本，几乎酿成官场的大风波。

最绝的是，周锡恩后来刻自己的文集，居然将这篇寿文收了进去。弟子们都劝他删掉吧，何必徒留话柄予后人。周锡恩也挺倔：《史记》《汉书》里还有全篇抄别人文字的先例呢。收！

不是说好了不录取康有为吗

四品军机章京康祖诒康大人，后来改了名，叫康有为。学问冇得弹（没的说），朝中一班大老都推重得很。可是他走过一段非常坎坷崎岖的成才之路。

他十九岁就成了"荫生"，就是先人当大官，后代就能以秀才身份直接参加乡试。那是光绪二年，他没考上，一直考一直考，到了光绪十八年，他都三十五岁了，还是得个吉（什么都没有）。对此外间有许多议论，有说康某人命途多蹇的，有说广东的"南闱"历来就难的，洪秀全不也是考了十四年不中，才起意谋反的吗？可是康大人三十一岁时跑到北京去考，不是也没中吗？

这当中另有原委。

康大人衰就衰在太早出名，那时他的学生中都已经出了好几个举人啦。像那个梁任甫，还娶了主考李大人的堂妹，进京以后到处揄扬他老师的"公羊学"，弄得一班大学士潘祖荫啦，翁同龢啦，都欣赏得不得了。有欣赏的就有嫌恶的，最大的反对派，是徐大学士徐桐。

说起徐桐，这个人的顽固是出了名的，京师人称"徐老道"。他最恨洋鬼子，可偏偏家就住在东交民巷附近，天天看着黄发碧眼的夷人进进出出，一口气出不了，只好在门上贴一副对联："望洋兴叹，与鬼为邻。"徐老道最讨厌康祖诒，动不动就说："什么公羊母羊，都是乱天下之学，康祖诒这种人，必须挡着他的出路，让他不能出头！"每次朝廷放了广东主考，徐老道总要当面叮咛，可不能让那个康祖诒中呀，万一要是中了，也要把他的卷子抽掉换掉，一定呀一定。这么一来，这康祖诒能中举吗？

癸巳这一年（1893）的恩科，广东主考放了顾渔和吴郁生两位大人。临行徐老道又嘱咐上了，两位主考唯唯诺诺，牢记于心。

考完以后判卷，为了一份卷子，两位主考争开了。因为这份卷子，是副主考吴郁生看中的，他觉得这么好的文字，非"抡元"不可。可是按惯例，抡元的卷子得从主考判的卷子里选，副主考只能选二、四、六……名。所以顾渔不乐意让这份卷子排第一。两人争执不下，同僚们赶紧排解。最后决定，给他个第六名！为什么只给第六名呢？因为乡试例规，写榜的时候，先空着前五名不写，从第六名写起。写完余下的，再由第五名倒填到第一名，称为"五经魁"。第六名呢，称为"开榜"，这也是一种荣誉。

判卷的时候，两位主考还互相提醒，别忘了把康祖诒的卷子抽换掉。可是一争排名，两位主考官都气鼓鼓的，到了半夜拆卷子放榜的时候，谁也不跟谁说话。谁知写榜人拆开第六名卷子的弥封，一唱名："第六名举人康祖诒，南海县荫生！"

两位主考心中大惊，张口欲呼，又都一下没叫出来。说时迟，那时快，康祖诒的名字早已一个传一个，传到外院去了。外面等着的无数报子，立即飞奔出门，上马，加鞭，直奔南海康府领赏去也。

这也可能是一个传说。因为也有人讲，那年康大人中的是第八名。不管怎么说，康大人这下总算守得云开见月明。转过年，他老人家进京会试，带着一帮子举人搞什么"公车上书"，之后的事情，你们就都知道啦。

翁同龢为何请家乡知县看自己洗脚

翁同龢是哪里人？这个好记，清末有一副巧联流传甚广："宰相合肥天下瘦，司农常熟世间荒。"上联骂李鸿章，下联斥翁同龢。所以出过两代帝师的翁家是钱谦益的同乡，江苏常熟。

翁同龢得罪了西太后，被赶回老家。在当时这不算丢脸，还可以美其名曰"养望林下"。他也着实过得不寂寞，皇上方当盛年，等到太后百年，对他这个老师说一声"起复"，还不照样入军机？还许当个领班大臣。所以门前照样车水马龙，倒好像翁大人并未被革职，是回乡省亲，小住数月。

翁同龢是晚清大书家之一，每天总要写上十余幅字，以消日遣怀。但是他很少答应别人的求字，亲朋好友，求十回也未必到手一张半张。就连顶头父母官，常熟朱知县，翁同龢也懒得敷衍，随他百计请托，片纸不入公门。不怕县官，就怕现管，一个革职的乡绅，还这么牛？朱知县恨得咬牙切齿，一点办法没有。

造化小儿看得有趣，手指轻轻一拨，时更势易。百日维新，戊戌变法，京中消息一天一个花样，最后是上谕到：奉懿旨，翁同龢荐引匪人，有"康有为才胜臣十倍"之语，着革职永不叙用，交地方官严加管束。

朱知县一跤跌到青云里，从此每天前往翁府，召集翁家所有奴仆，一一询问：中堂今天干什么啦？上午？下午？晚间？夜里？吃了啥？见了谁？言谈间可有大不敬的地方？必把翁家上下折腾个底儿掉。

翁同龢这个气呀，可他是清流领袖，一代大儒，总不能跟这种庸吏当面翻脸。也罢，你不是奉旨管束我的一举一动吗？老臣领旨，豁出贴补家人几双鞋钱，与我每隔几个时辰，往知县衙门送一封小札，上写：翁某欲往后院走动，请老父台核示。或是：翁某家中饭熟，将进食，请老父母巡视。再不就是：翁某午睡片刻已醒，现坐于厅上与客略谈，请老父母详察。

最后一封书信，内容是：翁某今日洗足，请老父台驾临看管。翁老爷子也写出神气来了，两页八行，写得飘洒自得，天矫不群。

第二天果然清净了。翁同龢捻髯微笑，姜还是老的辣。过得两日，突然有人急急来报：朱知县将中堂大人请看管洗足的信函，用白绫裱成合锦条幅，挂在县衙花厅，逢人便夸，说古人有"争座位帖"，今有中堂的"洗足帖"，大可辉映古今，合为双璧云云。现在合县士绅都知道中堂大人请知县来看自己洗脚。

翁同龢的老脸红没红？不知道。反正他要求收回这幅书法作品。朱知县这个傻瓜，居然收了他一屏一对，就把信还给翁家。不用说了，什么也不用说了，这幅本可成为书法史文化史上经典作品的书法，肯定被老翁烧了……朱生，你知不知道，翁中堂的对联、屏风，京师琉璃厂有不少卖的？

补记：突然想到前几年关于鲁迅日记中"濯足"是否代指性交的争议，嘿嘿，脚，以及对脚的洗涤，在中国文化史上，还真是个意义丰富的符号。

沈佩贞大闹神州日报社

"宝贝"一词，在过去大致有三种定义：（一）珍贵的物件；（二）对孩子的昵称；（三）明清太监指称其命根子。现在"宝贝"好像专门用来称呼某类妇女，从上海宝贝到足球宝贝。

如果要推选民国初年的政治宝贝，我选沈佩贞。

这个女人了不得，一张大名片，中间的大字是"大总统门生沈佩贞"——怎么个门生法呢？一问，她年轻时候读过北洋学堂，所以就认创办人袁世凯作老师，自行印刷了这么张名片。不过，袁世凯收到这张名片，居然也就点头承认，从此北京政坛多了一位竭力拥护帝制的"女臣"。

名片上还有一行小字："原籍黄陂，寄籍香山，现籍项城。"也就是说，她的籍贯是和民国伟人谁在台上密切联系的，反正她和现任总统是同乡就对了。沈佩贞后来下落不明，不然她肯定会一变为宁波人，再变为湘潭人。

沈佩贞还是京师步军统领江朝宗的干女儿，朝中权贵，无不结纳，在北京城里风风火火，做下了偌大的事业。她有个闺中密友刘四奶奶，为了抢风头闹翻，结果京城警厅冲进刘府抓赌，抓到交通总长一名，参谋次长、财政次长各一名，关了一小时才放。自此以后，北京没有人不知道沈大门生的威名。

居然有人捋虎须！来者也非无名之辈，姓汪名彭年，乃是当年《时务报》老总汪康年的弟弟。汪彭年和筹安会首领杨度关系极好，在新闻界也是风云人物。他主持的《神州日报》居然登了一条消息，指名道姓说沈佩贞等人在醒春居行酒令，嗅脚闻臀一类的丑态，而且连登三天。沈佩贞何许人也，当下先要求汪彭年请酒、认罪、登报。汪不理，于是沈亲率二十余名"女志士"，江朝宗再派一名少将带着几十个卫士保驾护航，一路打上神州日报社去。

汪彭年是聪明人，一看来势不好，自己从后门溜掉，叫姨太太出去顶缸。沈佩贞果然女中豪杰，并不和女人为难，只是大喊大叫：把汪彭年交出来！还有刘四奶奶、蒋三小姐一干女志士随声附和，几十名精壮步兵在旁边扎起，场面蔚为壮观，和火烧赵家楼有一拼。

有一位江西的众议员郭同，因为和汪彭年同乡，寄居在此，不知天高地厚，出头来与沈佩贞理论，立即被众女将冲进室内，将家什物件打得稀烂，郭同气得破口大骂。好！众女蜂拥而上，抱腿的抱腿，捉发的捉发，还有捏鼻子掌嘴的，一声"滚吧"，郭议员已经被扔到院子的污泥里。

他骂骂咧咧地爬起来，发现裤腰带不知道被哪位女将抽掉了，只好提着裤子和众女对骂。双方污言秽语，甚是精彩。这些话，后来郭同控告沈佩贞，又被证人刘成禺在法庭上转述了一遍，听得检察长心惊胆战，连连摇头，旁听席上的官员要人记者们兴奋欲狂，大喊："说下去，不犯法！……"

大总统副总统结亲家，谁出儿子

　　历史学家为袁世凯的新形象辩解说，其实袁世凯是一个很有才能的人。这是一句很没有必要的辨正。庄子早就说过，"窃钩者诛，窃国者侯"。从成本产出比来说，反正是窃，何不窃国？但是窃钩者每天都能在公共汽车上碰到，窃国者几千年就那么几个。所以窃钩与窃国，主要是才能的差异。像袁世凯这样著名的窃国大盗，若说他没有才能，简直是在污辱整个近代史。

　　袁世凯最让我佩服的一点，是他对资源的运用能力。比如说：裙带关系。似乎没有必要像李敖那样直白地称之为鸡巴关系，因为在这种古老智慧的实施过程中，那话儿完全可以处在缺席的位置。如果不是像《官场现形记》中记载的那样，将自己的老婆或儿媳送给上司以博恩宠，那么达官贵人之间的通婚，更像是一次同仇敌忾的歃血为盟。

　　袁世凯自己娶了十六位夫人，却没有哪位是大家闺秀，他对裙带的运用主要体现在儿女亲事上。清季外强中干，操控全国局势的主要是四大总督。袁世凯自己是直隶总督兼北洋大臣，两江总督端方是他的儿女亲家，两广总督周馥也是他的儿女亲家。三位总督互为奥援，遥相呼应，所以袁世凯才能权倾朝野，直至夺清室之位而自立。

民国四年，袁世凯想要称帝，但他也知道这种干法不太得人心。端周二人都已是明日黄花，他需要寻找新的盟友，新的儿女亲家。这次他的目标锁定为副总统黎元洪。

黎元洪确实值得争取。他是武昌首义的元老，但又并非孙文、黄兴一伙，甚至下令处决革命元勋张振武。对于剿灭南方的二次革命也没有发什么杂音。如果他肯成为袁府的姻亲，帝制就不再是北洋一系在自说自话了。

上面放个屁，底下跑断气。风声一透出，北京上流社会就忙成一团，说媒的，作保的，听信儿的，发新闻的，合八字儿的，人人激动得不能自已。想想看，民国的大总统与副总统结亲啊，世间还有比这更伟大更合适的婚事吗？

黎菩萨黎元洪当然不会，也不敢对这门亲事说不。但是他提出，要自己的儿子娶袁世凯的女儿——哪个女儿倒无所谓。可是袁府的意思呢，是要袁不知几公子，去娶黎副总统的闺女。这么着，两家拧上了。婚事就暂时搁下了。

一搁搁到民国五年。袁世凯终于忍不住登了基，立即下诏封黎元洪为武义亲王。按家天下的说法，黎元洪和皇上家非亲非故，岂能封为亲王呢？莫非老袁对那门亲事还没死心？

黎元洪没有接受这个封号，躲在光绪皇帝死过的瀛台死不出来。终于守得云开见月明，老袁翘了辫子，黎菩萨扶正做了大总统。有人事后诸葛亮，说当时黎元洪非要当男家，就是不愿意和袁世凯合作的托词。死无对证，只好随他说去。

可是老袁聪明一世，怎么就在这件事上不稍微让点儿步呢？这样看来，在裙带关系中，谁拥有那话儿，仍然是一个严重的问题。

民国催债第一高手

要知道谁是民国催债第一高手，先得知道谁是民国赖账第一高手。赖账高手姓袁，名世凯，民国首任总统。他平生最大的赖账，是洪宪帝制发动前，组织了一个近千人的国民代表大会，一致推戴他当皇帝。这些代表自以为拥戴有功，富贵可期，天天在北京城狂吃滥嫖，欠下烂账无数，净等着洪宪皇帝给他们埋单。不料老袁过河拆桥，上楼抽梯，每个代表只发一百元大洋。一时间哭声震天，怨声载道，代表们哪个不是当衣典裤才离开京城？以曹锟后来贿选总统时每票两万元计，这笔赖账足足有将近两千万袁大头。

等到帝制失败，老袁退位，这才轮到催债第一高手出场。来者何人？姓周，人称周妈。她的委托人，是其主人兼姘头，筹安会首领杨度的老师，湖湘第一才子王闿运。

还是老袁在谋划当皇上时，觉得王闿运乃大名士也，托人说项，请他列名为劝进领袖。王闿运以前曾劝过曾国藩称帝，有什么不肯？只是回信说：王某这个名字，每字要卖十万金！老袁一口答应，指令湖南都督如数拨给。不过，湖南借口现钱不足，先付了一半。

不料帝制取消，湖南独立，尾期自然扣住不发。王大名士年老力衰，只好委派第一号心腹周妈为代表，来京索债。

老袁只当钱已付清，谁知道还留了这么个尾巴！想致电湖南问问吧，那边已经独立，正在讨袁。只好回转来和周妈吃讲茶。民国笔记中记载的对话精彩，不可不录：

袁：不管钱有没有到位，我的事业已经失败，你家主人怎么还能来要债呢？

周：我们家老王列名，只是负责劝进，你成不成功，我们哪个能担保咯？我家老王八十多岁了，从来没有离开过我一天，现在派我来北京，已经十天了，不知道多想念我呢。你一个大总统，动辄耗财百万，不在乎这些个小数，做么子不把钱给我，好拿回去让我家老王高兴高兴呢？

袁（温和而诚恳地）：你既然怕主人孤寂，我这里一时款项又不充足，不如你先回湖南，我筹足款再给你寄过去如何？

周（不高兴地）：老婆子奔走几千里，专为取款而来，现在两手空空回去，怎么对得住我家老王嘛？大总统，你行行好吧，把钱给我，马上就走！

这一顿讲茶，吃来吃去吃不妥。老袁想把周妈晾一边，可是周妈每天会去春藕斋吵闹一通，老袁躲开吧，她就遍搜各位姨太太的房间，反正她在袁府也住熟了。最后老袁发火了。

袁：我就不给你钱，你能怎么样？

周：不给钱，我就不走！

袁：你不走，我就不能赶你走吗？

周：赶我也不走！

袁（大怒）：莫非我就不能杀了你吗？

周（亦大怒，撒泼）：你杀，我让你杀！你先求我家老王，现在不给钱，还要杀我，传出去才好听哩！你能杀人，不去杀西南诸省的乱党，倒来杀我一个老婆子，什么意思嘛？到时候外面都会说：袁大总统当不成皇帝，杀一个老婆子，赖掉十来万块钱，也是高兴的。莫忘了，我家老王还有一支史笔，你就不想想你会在历史上成一个啥人！好，要么杀我，要么给钱，你决定吧！这该死的老王，他让我来北京送死……呜呜呜呜呜……

结果呢？自然是周妈大胜，拿钱走人。老袁赖账不成，反被一个老妈子羞辱一番，没过几天就死哒。

袁世凯死因是梅毒？《渣男的报应》上映

电视连续剧《走向共和》里有一个识袁世凯于风尘的京城妓女"英子"，后来成了正果，变成袁大人的老婆领班。看着电视我就嘀咕：这是哪儿来的角色？记忆中袁大皇帝共有十六御妻，没有这么个重情义、知疼热的倌人哪！于是去翻民国的野史，有了！当然只能说是仿佛而已。

此人叫吕商英，是上海长三堂子里一名半红不黑的倌人。红不起来，一则因为她长得平平，二则她喜欢玩弄嫖客，属于"黠妓"一类，性格上也不讨好。袁世凯落魄海上，不知怎么就碰上了这位吕姑娘。好戏开场了。

吕商英对付嫖客，喜欢弄点小手段是不假，但她有个大弱点，平时喜欢听弹词戏曲，什么《战金山》《珍珠塔》，里面说到前辈妓女的故事，尤其听得入耳。她还知道红拂夜奔李卫公的传奇。看得多了，难免想象中化身作了红拂女、梁红玉，只等着风尘中结识一位落难英雄。

袁世凯正好符合这个想象。一个辗转穷途的年轻人，家世很好，野心勃勃，绝对是只潜力股。而且他一出现，就大赞吕商英"不是凡品"，一点不在意她的中人之姿和爱骗人的恶名。吕商英自然觉得此人非等闲狎客可比，英雄惜英雄，公子将来定有出头之日，一番恩情之后，就要以终身相托。

上海滩上妓女要"砍斧头"（敲诈嫖客）或是"浤浴"（借嫁人还债），声称要嫁恩客那是常有的事。袁世凯老于风月，当然极口推托："在下一介寒士，哪有钱来筑这藏金之屋呢？"这里可以看出吕姑娘是真心要找一个依靠，她拿出了一只鼻烟壶，告诉袁世凯这是以前的恩客相赠，价值数千银两，希望袁把它卖了，为自己赎身。

袁世凯得了这件珍品，从此就在上海销声匿迹了，也许堂子里的局账还没付清。几年之后，听说他在朝鲜立了大功，后来又在天津小站练兵。上海人再看见他老人家的风姿，已经是民国初年，遍街都是叮当响的袁大头了。

至于吕商英，据说早就因为梅毒死在医院里了。知道此事的人不免说，吕姑娘的眼光不错，只是没有挑对人。她与后来中《连环套》之毒的张学良将军一样，喜欢戏剧化的生活，现实却过早地落下了大幕。

然而传奇终究会帮着圆这个大谎。其中的因缘，有两种说法。一种说法讲的是"因"：吕商英的鼻烟壶，本来就是从一位叫袁保中的淮军将领手中骗来的——袁保中就是袁世凯的生父！所以其实是吕商英遭了报应。另一种说法谈的是

"果"：1916 年袁世凯病逝于北京，对外宣布的病因是尿毒症，实际上呢，是梅毒。袁大总统与前清状元洪钧一样，都是因为辜负了青楼知己，果报及于身。

　　不知道电视上的英子是否就是吕商英。如果是，总算吕姑娘得偿夙愿，让她的生活成了一出戏的蓝本。

马君武被笔友骗稿，怒变革命党

　　广西才子马君武，晚清末年在江南搞革命，结果被两江总督端方发现。端方这个人很有意思，对他不关也不杀（大概也因为马君武是官僚家庭出身），只是逼他到德国去学工业。这倒成全了马君武，不然他后来哪有资格译托尔斯泰《心狱》即《复活》）、卢梭《民约论》和拜伦《哀希腊歌》？

　　马君武早年曾拜在康有为的门下，光绪廿七年（1901），他到日本留学，跟康门弟子过从甚密。大师兄梁启超带头办《新民丛报》，马君武偶尔也写写稿，但是懒，稿少。同门都拿他没办法。

　　忽一日，《新民丛报》上发了一首诗，署名是广东某女子。编者大大把这首诗称誉了一番。想来真是不错，因为马君武跑去编辑部，问能不能见见这位女士。编辑中有一位罗普，也是"康门十三太保"之一，说："是我的表妹。就快来日本留学啦。你想认识，可以先介绍你与她通信。"马君武立即赶作八首七律，托罗普寄给表妹，顺便在《新民丛报》发表。这八首诗的第一联很是传诵一时："憔悴花枝与柳丝，为谁颦断远山眉。"

罗普答应帮他的忙，条件是要他为《新民丛报》多写稿。冇问题啦，广西佬一口应承。从此勤奋万分，源源不断。隔几天，罗普转来表妹的回信，还有诗哩。马君武狂喜狂喜再狂喜，要报恩兼立功，所以今天我们翻《新民丛报》，马君武的文章真不老少。

表妹很重然诺，过了一阵子，不但有信，还附了照片，长得……反正没让马君武失望，而且听说表妹即将乘船来日本，马君武立即回寄自己玉照一张，还有许多日本的名牌细点。罗普趁机讹诈他："写稿不多，表妹来了不介绍给你！"马君武老老实实，好好好，听命就是。

马君武回去，一面努力写稿，一面苦苦守候。忍不住，去信问罗普表妹几时到。罗普随口说："已经到横滨了。"马君武连夜赶到横滨，找到罗普要人，罗普说稍缓，马君武非见不可，最后几乎要动拳头了，罗普才不得不承认：我就是表妹，你的柳丝花枝，只是镜花水月！这都是我要约你写稿，想出来的妙计。得罪，得罪，小弟该死。

马君武一气非同小可，想想自己的心血文字，血汗银钱，实在冤枉，还是要问清楚的："到底照片上的女子是谁？"哪还能是谁？随便一个广东的名妓喽。那……那我买的名细糕点呢？被几个从国内来的朋友分吃了，大家还说，这是你的"柳丝饼"和"花枝糕"。

　　后来怎么样？我不太清楚。据说马君武从此不跟康门弟子往来，反而联合了章太炎，发起"支那亡国二百四十二周年纪念会"，从维新派变成了革命党。后来他更加入了同盟会，任秘书长。一个玩笑改变了他的一生？嘘，别瞎说，我也被笔友还有网友骗过，你看我能成马君武吗？

杨晳子暗助孙大炮
宋教仁终鸽梁启超

　　网上有人问为什么"失约"叫作"放鸽子"。我查了一下，一是可能源于旧上海的彩票，俗称"白鸽票"，一般都有去无回，它也可能是老北京养鸽子的爷们儿的惨痛教训，鸽子放出去就回不来——有专门裹人家鸽子的人在那儿等着呢。

　　失约总是不好的，不管是否有意。如果失的约会影响历史的进程，那——那简直不能叫作放鸽子，而应该称之为放卫星。

　　近现代史上这样的大失约很多。私人之间的约定，意义如此巨大的也有。且来说两个，凑巧的是，约定双方都是一个湖南人，一个广东人。这两省的同胞，留在近现代史上的身影可真不少。

　　清末，横滨，永乐园。觥筹交错之间，一场大辩论如火如荼。争论的是当时最时髦的话题：中国应该实行君主立宪还是民族革命？辩论双方，一方是湖南人杨度，后来袁世凯称帝的舆论总管、筹安会的发起人；另一方是广东人孙文。闭上眼睛都能想到，谁也没法子说服谁。杨度走的时候，拉着孙文的手说："我主张君主立宪，一旦告成，希望先生可以助我；先生号召民族革命，先生成功，我也会放弃我的主张，以助先生。都是为国，不必互相妨碍。"

陈炯明叛变，广东分裂。之前视为大敌的北方军阀反而成了旁观的渔人。大好机会，岂容错过，吴佩孚亲自到衡阳督师，要率军入粤帮助陈炯明。广东革命政府局势危如累卵。这个时候，杨度上场了。

杨度在见到孙文的信使后，重提往事，既然先生成功，我应当全力以赴帮助他。于是到处奔走，过了几天，他约见广东使者，一见面就说："事情成了，我终于能践与孙先生在永乐园之约了。"果然，北洋军突然班师，吴佩孚回到洛阳。临时大总统孙中山可以专心处理广东内乱，不必再担心北方乘虚而入。

至于杨度怎么做到这一点的，据野史记载，他利用了直系军阀之间的矛盾。吴佩孚是最跋扈的，早就和直系大将王承斌、熊炳琦等有积怨。再经杨度联络薛大可、夏午诒私下这么一说，王、熊居然联合反对出兵广东，理由是"陈炯明是叛将，以下反上，出兵助之，师出无名，将来人人仿效陈炯明，那还了得"。曹锟居然以此言为是。吴佩孚气得当夜离京，料想玉帅（吴佩孚字子玉）心头这个气呀，不亚于当年范增在鸿门宴上。

这是践约的。失约的是谁？湖南人宋教仁。他组织国民党竞选总理，胜算很大。对手方是进步党的梁启超。梁启超以前是保皇派，曾与章太炎在日本大战，民国建立，革命派因为他曾阻挠革命，很看不起他，梁也自觉脸上无光。宋教仁摒弃众议，亲自访问梁启超，并且向他提出：两党应该像英美那样轮流执政。在即将到来的国会大选后若梁启超当政，他愿意在野相助，否则他出来时请梁善意监督。梁启超一口答应，因为英美两党制，正是当时开明政治人物的最高政治理想。

不料宋教仁被袁世凯派人刺杀，之后便是解散国会，洪宪称帝。力量制衡的两党制从此再不可能出现于中国政坛。宋教仁算是放了梁启超一个鸽子。这一放不要紧，可就把中国现代史的一种可能性给轻轻放掉了。

誓不买田，梁启超宁愿吃鸡

新会小鸟天堂的出名，全靠巴金一篇散文《鸟的天堂》，这篇散文的出名，又是靠被选入小学语文课本。所以今天新会小鸟天堂的门票卖到三十元，最应该感谢的是修订中小学课本的叶圣陶诸先生。

巴金在该散文中提到第一次经过那棵大榕树，是和朋友划船到一个"有山有塔的地方"。不错，站在小鸟天堂所在，一眼就能望见那山那塔。顺着江边的公路开去，几分钟就到了一个村落，名唤茶坑。此地面水背山，龙伏蛇踞，东挹灵山爽气，西聆深树鸟鸣，风水好得要命。不出个把伟人真对不住老天一番苦心。

这里出过一个人叫梁启超。

梁任公一生政治学问，都有绝世的手笔。罗瘿公给他的五十寿联写得最贴切：

每为天下非常事

已少人间未见书

他十三岁上广州求学，十七岁中举，廿二岁随师入京，廿四岁创《时务报》于上海，廿五岁主讲长沙时务学堂，廿六岁流亡日本，一直到民国四年（1915），才回到故乡给父亲做了一次寿。

梁启超流亡日本期间，他父亲曾千山万水到日本去找他，大概意思是：仔呀，你已成家立业这么多年了，家里的田地还是跟从前一样，一亩都没有增加，你快快给我钱，置点田地，才对得起祖宗呵。梁启超那时立脚未稳，哪有钱给老太爷？老爷子就寻死觅活起来。呵呵，我猜当时任公内外交困，说不定直后悔没有陪着谭复生留在国内殉难。

好在，一道来日本的门生故旧，募捐集资了一千二百元，才把老爷子打发回乡。据说梁老爷子回去后就买房买地，由中农变成地主，过上了幸福的日子。

梁启超民国四年为父祝寿的盛况，地方文献上有明确记载："附近河面停泊官绅船只密不见水面，梁家宾客盈门，贺仪堆积如山。达官贵人均有所馈赠。段祺瑞亲题'圭峰比秀'四字匾额为赠，逊帝溥仪亦赐了一个亲书的'福'字。"撰写者还很不平地添了一句："独袁世凯无任何表示，且派刺客行刺。"这个老袁，还真有先见之明，早知道年底自己会称帝，而姓梁的绝不会赞成。不但不赞成，他一篇《异哉所谓国体问题者》（袁曾出二十万大洋买它不发表），一封

《与蔡松坡书》，活活葬送了一个洪宪帝国呢。

梁启超此次回乡，力劝父亲不要买田，甚至说"假若十块钱买一亩田或十块钱买一只鸡，我宁愿吃鸡不买田"。梁启超对买田这么反感，大概又想起了在日本时的窘境。为了证明自己不买田也能光宗耀祖，梁启超在祖屋门前挂了一块大木牌，上面是袁大总统给的勋位与官职：

　　　　一等嘉禾章中卿衔少卿司法总长参政院参政　梁启超

岳麓山上黄蔡墓

长沙真是一座没有历史遗迹的城市。贾谊故居，假的；船山学社，假的；新民学会，也是假的。花了整整半天工夫也没找着时务学堂旧址碑记，我不得不认识到，1938年文夕大火，把长沙烧得真是干净。所有遗迹似乎都已葬身火海，连名字都消失在附近老住户的一脸茫然中。

翻一翻书店里的文史资料，更是彻底地死了心。里面大字书曰：长沙历史上著名的十次大火。呵呵，不著名的呢？改名叫火城算啦。

有没有真的古迹？得上岳麓山，那儿有很著名的两个土馒头，葬着近代史上两位盖世英豪。

山上最有名的是"鸟语林"，据说有来自泰国的好色鹦鹉，游人颇众。隔着不远，有个粉店。再往上走一段阶梯，是黄兴墓，往下走，是这位民国伟人的墓庐。

黄兴去世后，有点头脸的人都送了挽联。我独爱章太炎章疯子的那副："无公则无民国，有史必有斯人。"章太炎当然记得，他在东京发现孙中山私自接受华侨捐款，大为恼怒，声言要和孙决裂，拥戴黄兴为同盟会总理。黄兴费了多少苦口，才说服章太炎和吴稚晖，继续维持孙的领袖地位。孙中山后来极感激黄兴。但还是这位黄兴，在孙中山改组同盟会为中华革命党反袁时，拒绝向孙表示个人效忠以重新入党。始终保持对事业而非对个人的忠诚，整个中国近现代史上有几人能够呢？

蔡锷当然也是一个。稍知现代史的人都会感慨这位一代名将的早逝。可是往深处想，蔡锷活下来，能起多大作用？他是一个有操守的人，护国战争前就和老师梁启超约定"失败就战死，绝不下野；成功就归田，绝不争权"，这就注定了他会在政治斗争中失利。我想，他活下来，多半也是另一个李烈钧，当年响应武昌首义和二次革命的江西都督，后来审判张学良"叛国"的军事法庭审判长。如果蔡锷也要走这样的道路，我忍心说一句，他还是死在北伐成功前的好。

黄兴和蔡锷，在主流历史的叙述中地位不弱，大约是因了他们的早死。黄蔡墓都是全国重点文物保护单位。这意味着这里也是爱国主义教育基地，清明节会有中小学生来扫墓。

有人喜欢用辛亥革命和美国独立战争作比。我想来想去，唯一在政治人格上可以和华盛顿、杰斐逊比比的，好像只有这两位。在他们的历史中，我看不到为自己名利地位的丝毫考虑。如果你知道他们有这方面的想法，请告诉我，如果还有别人能这样做，请指出来。

康有为坐气球，
想象未来大空战

　　中国人最初发现有一种真的可以将人带上云霄的玩意儿叫"气球"，大约是在十九世纪六七十年代。大海归王韬曾兴奋地告诉国人，西洋人造出的气球"上可凌空，下可入海"——由此我们知道王先生关于气球的见闻只是耳食之言。黄遵宪自诩"吟到中华以外天"，大概也没见过气球的实物，他的《今别离》感叹火车轮船等新发明使情人的别离显得快捷而非缠绵，又自我宽解：去得快，回来得也快，"所愿君归时，快乘轻气球"。

　　据我所知，第一个真正坐上气球的中国人，是驻法使馆参赞黎庶昌。他于1879年在巴黎亲身体会乘坐"轻气球"凌空飞升的滋味。黎参赞忠于职守，在笔记里详细地记载了气球的形制及部件的大小、重量，以及使用方法。这种理性的科学记录有可能促进了中国航天事业的发展，却完全忽略了乘坐时的主观感受，我们只知道黎参赞在气球升降时身体发热，风一吹又觉得头晕。当然，我们还必须表扬黎参赞的胆色，他乘坐的大气球是为1878年的巴黎世界博览会特制，已经放了一年有余。二十多天后，意犹未尽的黎参赞还想来一次夜空探游，却被告知气球的表面已经被牵引绳磨破，不能再用了。

这样一来，黎参赞将乘坐气球高空抒情的大风头拱手让给了另一位中国人。同样是在巴黎，此人坐上了专供游客的气球。当他来到巴黎时，一生的巅峰已经过去，他一手掀起的大波澜也早已平息。他也许没有想到，他还会成为第一个吟咏航天经历的中国人。事实上，这次机缘也是碰巧得很，就在他登空几天后，气球失控坠地，数名游客骨折，该项娱乐从此取消。他的女儿随后赶到，本想成为乘气球升空的"支那女子第一人"，这一梦想也随之破灭。

当气球冉冉升起，他还不忘嘲笑同行周某的惴惴不安。很快地，他被自空中俯瞰大地的感觉吸引，气球渐渐升到两千尺的高空，"俯瞰巴黎，红楼绿野如画，山岭如陵，车马如蚁"，意想不到的视角让他几乎有了一种晕眩感。从小的诗书陶冶，让他很快想到了"游仙"的好题目，他后来说，当时的感受真是"不复思人世矣"。可是，真从尘世中挣脱了吗？毕竟是曾名动朝野的大手笔，微微一笑，便将凡人游仙的乐境反转。我本是遨游天壤的神人吧，我原住的地域是何等的乐土，"其俗大同无争斗，其世太平人圣贤"，只因不忍地球众生受苦，终于发愿再入地狱，拯救斯民，"特来世间寻烦恼，不愿天上作神仙"，难怪我回到天上，只觉得旧梦迷蒙，飘飘无尽……

痴没有发完，气球已经快降回地面。人民城郭，又历历可见。他从遐思中闪回，突然想到了一个现实问题：这气球如此精密神奇，他日用于交战，那可不是小事！听说，法国有人做了一种"飞鸢"，可以载人，像鸟一样在空中飞。这东西据说我中华也有人做出过，那是二千年前的公输班，可谁也不知道是怎么造的了……

也许当时他并没有想到这些。然而到气势磅礴的长诗做完，关于气球交战的忧思已经完全压倒"羽化登仙"的愉悦。他想了想，提笔为这次经历下了一个断语："自此而推之，要必为百年后一大关系事！"当时出的书没有标点，可是后来的标点者，都为他这句话加了一个感叹号。我读到这句话，也感到非加个叹号不可！

那是在1904年，《巴黎登气球歌》的作者康有为，一声忧患的长叹。

这并不是他一个人的想法。我们看看当时的"科幻小说"，凡涉及气球和飞行的，几乎无一不是与征战与杀戮相关，而且大都应用于东西方的战争。仿佛是要和康有为的说法呼应，东西战争的年代都安排在1999年前后。黄种人的气球队打得欧洲各国丢盔弃甲，不得不屈膝求和（《新纪元》）；中国人为反击欧洲的进攻，派出一种飞行之怪物，顷刻间便毁灭了纽约等数十个城市（《飞行之怪物》）；中国皇帝派出征欧大军，以飞舰横扫欧洲七十二国，接着又征服月球与木星（《新野叟曝言》）……这样的文字恐怕要反过来看，毕竟，在近代饱受欺凌的并不是欧洲。

近代以来，中国人对于飞行的记忆和想象显得比较沉重。三十年代初，胡适第一次坐上飞机，很高兴，作了一首名为《飞行小赞》的诗登在报纸上，无非是说飞行带给他怎样怎样的快感。不料他的老友陶行知勃然大怒，也作一首诗登在报上，历数造一架飞机需要多少工人的努力，多少农民的血汗，飞机造好了是为国家服务的，可不是为了让你胡博士当作玩意儿嬉乐的！大义一出，莫敢不从，快感只好让位给忧患了。

晚清状元那么多，
张謇凭什么活成了常青树

　　19 世纪末至 20 世纪初，是中国社会政治变动最大、局势最乱的时期，政商两界人物，能够历劫不倒、全身而退，而且还能保持声誉的，大约屈指可数。其难度，超过了五代时长乐老冯道。

　　张謇张季子是其中一位。他出身状元，是天下读书人的偶像，当过翰林，当过商部头等顾问官，入民国后，任过农工商总长，同时又成为"现代南通之父"。有传闻说，眉山将改名东坡，江油将改名李白，听上去都甚不靠谱，但如果把南通改名为"张謇市"，理由要充足得多。据地方史料记载，民国时南通人有一段时间打牌，"大王"不叫大王，直接叫"张謇"。

　　当我们回头看那些乱世幸运儿时，很难分清楚，他们的幸运，有多少成分来自先天禀赋、后天环境与个人努力，又有多少是盲打误撞的时势造英雄。

比如张謇小时候，读书并不出色，喜欢逃学，被塾师骂"一千个人，取九百九十九个，那个不取的就是你！"。他居然后来中了状元，而后来中状元，又是因为当初读书读不好——听着乱，是不？要不咋说是乱世人杰呢。

张謇不是书香门第出身，他父亲是海门人，卖糖为业。后来迁到如皋，辛苦供儿子念书。张謇在如皋考秀才，属于"客籍"，需要当地学官作保。如皋有个马讼师，看张謇父亲有钱，勾结学官，勒索"印结费"纹银二千两。张家只肯出八百两，于是马讼师找了个姓张的，说他才是张謇的生父。这件事闹得不可开交，马讼师势力太大，一县人都知道张家冤枉，谁也不敢说什么。幸好，如皋地属南通州，知州孙大人知道一点张謇的才学，干脆大笔一挥，让张謇附到南通州学来，这一下马讼师无计可施了。可是后世就只知道南通出了个张状元，谁知道张状元是如皋人？如皋人气不过，只好自嘲："如皋连个状元都载不住，海门送来，又被马某送到通州。"（这里的通州，是指南通，南通本来就叫通州，后来为了区别于京东通州，改名南通。）

张謇十五岁中秀才，二十一岁时，有赏识他的官员邀请他"作幕"。这又是一重选择，好比本科毕业，是先工作还是先考研。考虑到张家的家底，以及张謇并不特别出色的读书成绩，最好当然是两条腿走路，读个在职研究生。张謇的确是这样做的，他游幕的头两年在江宁发审局，事务轻闲，同时就读于钟山书院。

又过了两年，张謇在南京文化圈，渐渐有了些名声，他收到了淮军大将吴长庆的邀请。一方面，这对于一名二十三岁的秀才来说，堪称殊荣，但另一方面，时局正乱，入幕军中，肯定影响读书。是继续充电，还是先行就职？张謇很犹豫。吴长庆爱才，把他的薪水从每月十两提高到二十两，又答应在自己府第后筑茅庐五间，供张謇公余读书。张謇这才答允下来，毕竟科举是"一命二运三人情"的事，游幕的前程要实在得多，做得好，还能军功保举。

这一步，后来证明，也走对了。大家也许听说过后来翁同龢、潘祖荫疯狂摸索张謇的卷子，先后四次误选他人的故事，还有翁同龢不惜与殿试首席阅卷大臣张之万翻脸，也要把张謇捧成状元的豪举？为什么这帮朝廷大佬那么看得起这个南通小贩之子？一来他是吴长庆幕府中的红人，提拔他可以联络吴长庆及其旧部，从而制约淮军领袖李鸿章；二来，张謇到过朝鲜，对国际时势、军务民情，都有基于第一手资料的发言权。其时朝廷文武对峙，最受欢迎的当然就是既有文韬，又怀武略的两栖人才。吴长庆去世后，李鸿章与清流出身的张之洞，都想延揽张謇入幕，其声望可想而知。

这时，张謇却选择了"南不拜张，北不投李"，回乡读书。他可能还是有一种读书正途出身的情结，总觉得当领导秘书的路子不够光鲜。而且，政治局势还不明朗，此时退步反而是向前，李、张幕府之门并不会因为他的拒绝而关闭，大可以学卧龙三顾，自高身价。即使入幕，以秀才身份，还是以进士身份，也大不相同。他在跟朋友的信里说："吾辈如处女，岂可不择媒妁，草草字人？"不肯轻出的意思很明显。

张謇回乡第二年就考中了"南元"，这是张之洞的故径，而且他的房师正是翁同龢。接下来的会试、殿试，顺理成章就该连连高中，可是造化弄人，他考了十八年才考中举人，以为否极泰来，一帆风顺，不想考官们怎么也猜不中他的试卷，又拖了九年，才考上第六十名"贡士"。据说这一次他已经不想再考了（上京赶考是很折磨人的，尤其张謇又不是没有别的路子出头），父亲苦劝才勉强赴京，连考具（考篮、炉子、锅子、松香这些专业工具）都已扔掉了，现从朋友那儿借了一套。

张謇四十二岁考上贡士，殿试是如何一举夺魁的？最关键的因素，在于他的老师是赫赫有名的翁同龢。张謇中状元的那一年，是甲午年（1894），翁同龢身为帝师，入值军机，坚决主张对日开战，俨然清流领袖，声名如日中天。这一年派的殿试阅卷大臣，翁排在第三位，首席阅卷大臣是张之洞的堂哥张之万。要说阅卷大臣有八位，各花入各眼，怎么就轮到张謇中状元呢？

这就得归功于张謇门板都挡不住的运气了。

张謇殿试完毕，把卷子交给收卷官，巧了，收他卷子的人他认识，是翰林院修撰黄思永。黄思永一看，是张謇，有交情。先不交卷，打开看看再说。呦，这就出问题了，有个错字，张謇挖补了，这没问题，可是张兄呀，你忘了把正字填回去了。殿试最重卷面，要是就这么交上去，不用问，三甲最末。黄思永从怀里掏出笔墨，帮张謇把这字填上了——告诉你，历年的收卷官，都随身带笔墨，为的就是有机会帮一帮认识的新进士。这还不算，黄思永还知道张謇是谁的得意门生，可可儿就把这卷子递给了户部尚书翁大人。

说实话，考上进士，是考生的本事，因为卷子是密封的。谁中状元，那就全凭运气了。说是皇上钦点，其实皇上很少改动阅卷大臣拟定的结果，除非准状元叫"王国钧"（亡国君），太不讨口彩了。按惯例，应该是首席阅卷大臣张之万来定状元，翁同龢也就能定个探花。可是翁坚持要让张謇中状元，张之万不干。别的大臣都不管，李鸿藻可向着翁同龢——他们俩都是清流的首领嘛。最后张之万只好让步，官衔资格，都是张高，可是翁大人势大，那胳膊能拧得过大腿？就这么，甲午年的状元诞生了。

这个争来的状元太重要了，因为中国社会从来极端崇拜状元。之前张謇只是个"人才"，有了"状元"这个卖点，恰似如虎添翼。终其一生，张謇都被叫作"张状元""殿撰公"，无人不敬三分，卖字卖画都有极大的品牌附加值，直到现在，我们说起此人，还称为"状元实业家"，只有他当得起这五个字。张之洞位极人臣，大兴洋务，到底只是个探花，提都很少有人提。

点了翰林的张謇，不喜欢当京官。当京官的好处，是人脉广泛，升转较快，也不太忙。坏处则是上官太多，不得扬眉吐气，而且，等因奉此，做不得什么实事。当然，戊戌之后，帝党失势，张謇在朝中没了奥援，这京官就更没甚滋味了。因此他自从 1894 年丁忧回乡后，就一直请长假，不肯再回京当那个清贵无用的翰林院修撰。

张謇丁忧期间，张之洞奏派三位在籍文官于本乡设立商务局，酌办实业。三人中，陆润庠与张謇都是状元，一时间"状元办厂"哄传天下。

如今看来，"状元办厂"真是个很好的噱头，是经典的营销案例。洋务派要向朝廷证明中国人自办实业有望，找两个状元来办厂是最佳方式，他们有人望，有官场关系，但又不具备"现管"的身份，便于腾挪斡旋，在"官""商"之间充当中介。即使办厂失败，状元们从事的又不是本业，不至于存在太大的风险。

对于张謇本人而言，办厂是条新路，又要从四民之首的"士"转型为四民之末的"商"，犹豫在所难免。不过他对世道的认知很清楚，他在自订年谱里说：书生总是被社会轻视，因为只会说空话，发脾气，而且看不起社会上一般人。

言下之意，状元办厂有为知识分子正名的功效。此外，知识分子主张的强国之途，首要是教育。但教育需要经费，这笔钱从政府那里、从商人那里，都是要不出来的。张謇说，只有自己参与商务，才能从中提留教育所需费用。他提出的口号是"父教育而母实业"，这样，就为自己的自儒入商找到了终极目标。

办厂果然大获成功。南通的优势，在于原料、人力、土地都比经济中心地区便宜，而劣势在于本地资本不足，无法规模化经营。张謇对家乡的出产、规划，都烂熟于心，一趟趟地跑南京（官）、上海（商），虽然也有过徘徊四马路的路灯之下、上海滩卖字凑路费的困窘经历，到底状元的牌头、人脉，终于让南通的纱业雄起于东南。

终其一生，由清朝入民国，张謇当过的最大官职，不过是一年半的农工商总长，但他的身影似乎无所不在：东南互保，他是策划者之一；立宪运动，他是东南地区的主谋；袁世凯出山，是他专门去沪上催请的；清帝退位，是他起草的诏书；民国几届内阁，都将实业最高位虚席以待……风云激荡，乱哄哄你方唱罢我登场，张謇却始终屹立不倒。

不妨与同时代人比较一下：同是状元，清朝收梢，刘春霖便只能当个隐退的遗老，靠卖字打秋风为生，陆润庠也办过实业，到底抵不住官场诱惑，难乎为继；同是"官商"，李鸿章冰山一倒，盛宣怀的个人事业也走到了尽头；同是总长级的"策士"，内阁星散，章士钊、杨度也不免流落海上，在老头子杜月笙门下讨生活……说穿了，他们都没有"根据地"，做的都是短线交易，张謇则不同，他守定了南通这个"模范县"，从实业到建筑，从教育到市政，无一不是亲自擘画，长远打算。用时行的话说，在那个变幻无定的时代，张謇算是找到了一片蓝海。

故事就说到这里。到底如何度过危机时代？张謇的生平，给我们两层启发。

对个人的启发是：为同时代诸人所不能为、不敢为，方能把握先机，同时，鸡蛋要放在两个以上的篮子里，以便规避风险。像状元这个品牌，如何转化为现实中的政治与商业资源，张謇做出了完美的示范。跨界并不可怕，关键是跨界能否起到整合资源的作用——用张謇的话说，就是"言商仍向儒"；而经营一个稳固的根据地，偶尔出露峥嵘，成固欣然（如东南互保），败亦不伤根本（如出任农工商总长），才能给自己一个腾挪的空间。

对时代的启发是：伦理的稳定比政治的稳定更重要。张謇能屹立不倒，因为他背后的南通一直在稳定地发展，南通为什么能在乱世稳定地发展？因为有张謇的面子做保护伞，政坛变更动荡，不影响张謇的地位。但这种动荡不能发展成动乱，张謇晚年，孙传芳劫掠东南，南通局势便已有所不稳，如果1928年（张謇已去世两年）那样的大革命袭来，南通也保不住一方净土。张謇不是保皇党，但是他反对推翻清朝；他不喜欢袁世凯，但他力挺袁世凯出来收拾辛亥残局，一切都是着眼于稳定。顾炎武曾说兴亡的亡，有"亡国"与"亡天下"之分，区别便在民众心性是否沦丧，据此再来理解张謇说的"父教育而母实业"，自有别样的滋味。

末代小皇帝怎么跟蒙古人聊天

前清的逊帝溥仪，退位已经快十个年头了。

这些年，他一直住在深宫之内，长于妇人之手，生活方式和历代皇储没什么区别。可是慢慢地，他也传染上不少亡国遗老的情绪，关心外面的时事，听见南北讲和，局势好转，就愁容满面，要是闹个风吹草动，出丑露乖，也不免有些幸灾乐祸。

他曾仿《陋室铭》作过《三希堂偶铭》，开头说："屋不在大，有书则名。国不在霸，有人则能。此是小室，惟吾祖馨。"结尾则是："直隶长辛店，西蜀成都亭。余笑曰：何太平之有？"讥刺民国的意味很明显。太傅陈宝琛早就给他献过一道策："旁观者清。"语意双关。

可是民国六年张勋闹过一次复辟，那滋味并不好受，宣统的上谕，连京城报贩都知道"过几天就变文物"。他第一次觉得，世界不是像太妃和师傅们说的那样。皇城之外，该有另一个天地。

有人荐了个洋人师傅给他，叫庄士敦。一年教下来，师徒二人变化都不小。庄士敦戴上了头品顶戴，穿上了黄马褂。溥仪学会了骑自行车，起了个英文名叫亨利。

宫里还铺了地板，安了电话。亨利每日无聊，乱打电话玩，叫全聚德送鸭子来。有一天随便拨了个号码，接电话的人说他叫胡适。

亨利请他来宫里走走。胡适答应了，过了两天，小太监递进"北京大学教授胡适"的名片。

他走进养心殿，深深一鞠躬："皇上。"

他举手为礼："先生。"

胡适的到来引起社会上的轩然大波。许多人指责胡适作为新文化运动代表人物，不该去觐见逊帝。胡适说，他并不是去见一位前朝皇帝，而是去见一个可怜的十六岁少年。

另外一些知识分子赞同胡适的态度。清华大学国学门导师陈寅恪表示，对待溥仪，应该比较欧洲革命成功后对待王室的方法，让他流亡国外，顺便让深宫禁院长大的男孩亨利看看外面的世界。北京大学外文系教授周作人著文，不仅劝溥仪出国，而且劝他去研究希腊罗马的艺术，因为他衣食无忧，又不用担心未来的工作，正是研究这类"无用的学问"的上佳人选。

其实溥仪真有些别的天赋。故宫博物院曾经收藏过一份溥仪的手稿，是他幼年接见蒙古使者的谈话记录（标点是我加的）：

溥　仪：你们几时来京城儿？

蒙古人：我们没有吃茶。

溥　仪：不是吃茶，我说你们何时来北京城儿？

蒙古人：呕，呕，臣才明白皇上问的是什么时候来北京呵！是不是啊？

溥　仪：为何不是呢？

蒙古人：大前天早五点来的。

溥　仪：我听说蒙古的地不安静，可有什么？

蒙古人：皇上胡说！

侍　卫：（大喊）蒙古人敢口出不逊！这是皇帝！不准你乱七八糟地胡说八道！

蒙古人：是，是。

溥　仪：不要紧，他没有见过我，偶尔说一两个不对的话也无须责备。

蒙古人：皇帝说得很对。

侍　卫：（又大喝）皇帝二字是你叫的么？

蒙古人：那你为什么说皇帝？

侍　卫：呸！呸！我不同此等混蛋说话！出去！

　　这多么像老舍笔下的话剧，侍卫的仗势，蒙古人的憨。溥仪呀，你真要能去欧洲几年，难保不出息成中国的康德，而不是伪满洲国的"康德皇帝"。

五四！五四！

众声喧哗说"五四"

上过中学历史课的人，没有不对"五四"耳熟能详的。学完正统的历史书，印象中是连成了这样一条特别明晰的线索：新文化运动—五四运动—马克思主义的传播—中国共产党的成立。这条线当然也没错，但过于简单了。如果我们亲自来到历史的回音壁前仔细聆听，响起的将会是一片喧哗的声音。

我们必须记得，"五四"是北京大学等新式高校培养出来的现代知识分子第一次现场参与国家事务，是他们与政治的"初恋"。对于国内各个阶层来说，这种体验都是全新的，没有任何本国先例可循，而可资借鉴的外域经验又极为芜杂。比如北京大学为各校之首，所谓"罢不罢，看北大"，但北大的学生领袖如傅斯年、段锡朋却根本没有预料到五月四日会出现暴力行动，他们饱受英美自由主义影响，一心想让游行成为"有纪律的抗议"。所以当游行的人群受阻东交民巷，愤而向东北方的赵家楼进发时，身为游行总指挥的傅斯年第一个出来劝阻，后来又和其他学生领袖一道竭力维持秩序，直到来至赵家楼时，群众还没有真正失去控制。据外国报纸报道："学生们排着整齐的队伍来到曹汝霖的住宅，很配称作文明国家的学生。"（《字林西报周刊》1919年5月10日）。用另一位北大领袖罗家伦的话说，这次游行的目的是在"唤醒民众"，而不是发动暴力革命。

然而并非每个学生都如傅斯年、罗家伦一样的想法。大多数学生是抱着一腔爱国热情加入游行队伍，没有多少具体的目标。正如北京大学陈平原教授指出的：如果不是五月四日那天天气炎热，游行学生又因为当天是星期天，无法向使馆递交说帖而心生愤懑，五四运动可能会是另外一个样子。

但是不应忽略另一些人。有他们的存在，五四运动恐怕很难实现傅、罗想象中的和平收场。

早在头天晚上，北京高等师范学校匡互生、熊梦飞等几名学生就已经形成决议："大众都认为，血钟不响，民众是不能从酣梦中醒来对媚外的政府示威的"，于是决定"作一度流血大牺牲"。他们为此做了充分的准备，打听好了曹汝霖家的地址，派人到照相馆去认清曹、陆、章的相貌，据说有人带了煤油和火柴，他们还试图借一把手枪，摆明是要"伴大队游行至曹、章、陆等的住宅时候，实行大暴动"（匡互生《五四运动纪实》）。这一切准备和沙俄无政府主义者的行刺、晚清革命志士的暗杀是如此相似，不难看出其间的渊源。从结果来看，五四运动基本上是按他们设计的线索发展的。

当两股力量相遇时，场面就有点戏剧化了。据和匡互生一起参加五四运动的周为群回忆："学生群众走进曹宅，先要找卖国贼论理，遍找不到。匡互生遂取出预先携带的火柴，决定放火。事为段锡朋所发现，阻止匡互生说：'我负不了责任！'匡互生毅然回答：'谁要你负责任！你也确实负不了责任。'结果仍旧放了火。"（《〈五四运动纪实〉附录》）这条材料不见得十分可靠，但其中传达的意义耐人寻味。

等到五四运动真的爆发，三十二名学生被捕，历史的声响就更是嘈杂得几乎听不见谁在说什么了。其中蔡元培既向政府要求释放学生，又在努力劝学生复课；段祺瑞向报纸表示同情学生，吴佩孚为学生向当局请命，内在动机则难讲得很；大总统徐世昌刚刚对曹汝霖、章宗祥等人的辞职表示慰留，又不得不下令将他们免职；北京大学校长蔡元培、教育总长傅增湘先后出走，使混乱的局势更形混乱；最有意思的是"南海圣人"康有为，他发表通电，认为巴黎和会的失败和五四运动象征着民国"于民之所好则必恶之，民之所恶则必好之"，暗示还不如实行君主立宪……更不用说多少青年在运动中默默形成自己对人生、对社会的看法。以离运动中心较远的清华学校为例，高等科学生闻一多从此将"五四精神"作为自己人生的指南，他后来和国民党决裂的开始，就是因为政府把青年节从5月4日改到了3月29日；而另一名高等科学生梁实秋则从清华学生焚烧挡路的汽车、捣毁章宗祥之子（那是他的舍友）床铺等举动中发现了"群众心理的可怕"，从而一生与激进的思想绝缘。

在这场轰轰烈烈的"初恋"中，将来影响中国历史进程的各种思想纷纷登场，向社会展露风姿。表现为"新"与"旧"的知识分子两大阵营出现了空前的分化，每一个人都拥抱着自己的理想，幻想着中国的明天。"五四"给予了各种各样的人以截然不同的思想滋养，给每种言论以互不干涉的自由空间。那是政治史上的混乱年头，思想史上的黄金时代，"是最好的年代，又是最坏的年代"（狄更斯）。正是在这种"众声喧哗"中，"五四"的意义才得以凸显。

最后引一条"有趣"的小资料，以为收束：

日本人冒充中国人

日前清华学校学生组织通俗演讲团巡游街市演说山东问题，旋有日本人假扮中国装，自称中国人，操京语，在哈达门一带当众演说，略谓青岛之不能交还，须怪英美两国不尽力帮忙，切莫怪日本，因日本为我们同种，而英美乃异种，不可亲异种而排斥同种也云云。识者笑之。（《晨报》1919年5月14日）

我觉得其"有趣"在于：（1）怎么知道演讲者是日本人？难道中国人就不会有这样的想法吗？要知道这就是后来

许多汉奸降日的理论依据；（2）大庭广众中发这种谬论，居然只是"识者笑之"，而没有"暴力的革命"——"五四"比起后来的运动，毕竟还算是平和的。

1919年什么人能上北大

那些没能在民国七年考上北京大学的同学，很遗憾，你们赶不上5月4日的大游行了，不过，你还有机会成为"后五四"的第一批北大学生。

对不起，女同学就不要浪费时间了，历史书上写得清楚，北大民国九年2月才开始招收第一批女旁听生，请再耐心等候一两年吧。

是的，本校设有哲学、中国文学、中国史学、英文学、法文学、德文学、数学、物理学、化学、地质学、法律学、政治学、经济学十三门（从前还有农、工、商三大类，蔡元培校长将它都分出去啦，只剩文、理、法三大科）。不过，教育资源有限，并非所有门类今年都招收学生。

1919年4月24日公布的《北京大学报考简章》表明，北大这年只招收"预科一年级及本科法文学、德文学一年级生"。预科两年，本科四年，跟如今的"本科＋研究生"时间差不多。预科制度，执行的是所谓"通才教育"，学生可以在预科学习期间再选定本科专业，也可以预科结束便离校谋职。

如果你要报考预科，必须要有中学毕业文凭。但如果你认考的外语是法文、德文或俄文，而非最多人学的英文，那么你有"中学同等学力"也可以——显然，这是为了鼓励人才多样化，这种对"外语非英文人才"的倾斜，从晚清就开始了。

考试地点分京、沪两处，考试时间是7月15日至25日。预科考试比较简单，只考两场。第一场考国文、外国语与数学。国文考的是"解释文义、作文及句读"。"句读"是用中国传统的点（相当于逗号）、圈（相当于句号）两种标点将一段"白文"点断，考察你对古文的阅读能力。外国语无非是文法、翻译，英法德俄任择其一。数学考算术、代数与平面几何。

《报考简章》特别提示：第一场考不及格，即不录取，不必再考第二场。如果及格，第二场考的是中外历史、中外地理、理化、博物。

上述考试内容，都是当年的"通识"，我们现在的高考，基本上考的还是这些内容。

本科招考，相当于现在的研究生考试，所以不仅列出科目，还会提示"必读书"。这个比较复杂，要考足六场之多。

首先还是国文，"应试程度须略通中国学术及文章之流变，可参考《文史通义》《国故论衡》及本校预科所用之课本"——参考书用"二章"（章学诚、章太炎），折射出北大校内章门弟子盛极一时的景况。

第二当然是本专业的法文、德文，有三项要求：一、曾读过数种文学书，能列举其内容，评其得失；二、曾读过一种修词学；三、能作文，无文法上之谬误——注意当时的专业名称是"法文""德文"，不是如今通行的"法语""德语"，因此首重对"文学书"的阅读、理解。闻一多在西南联大时期，曾主张将中文系、外文系分拆重组为文学系、语言系，认为文学、语言的教学、研究方式大异其趣，应当分立各举，而不应以中、外区隔。

数学，比预科考试增加了"平面三角"；历史，包括中国通史与西洋通史；地理，只要求"本国人文地理"。还有便是"论理学"，即逻辑学，列出的参考书是陈文《中等教育名学教科书》或张子和《新论理学》——逻辑学是一切科学的基础，这是当时的普遍观念，但是后世渐渐忘却了这一点。

上面说的是考不考得上北大，假设能考上，你上不上得起北大呢？

与现在不同的是，《招考简章》已经告诉了考生需用的学费：本科每年三十元，预科每年二十五元，在三个学期开学前缴纳，另外还有体育会费一元，试验费二元。

用购买力换算一下，当时北京的国产白面一石是六元七，进口西贡米则一石卖十元，一市石是一百五十六斤。也就是说，现洋一元可以买二十三斤多白面，或十五斤六两越南大米。上北大一年多少钱，您自个儿算。

就在这份《民国八年招考简章》公布的前两天，北京大学评议会通过了蔡元培提议的《附设中学简章》。简章劈头便明确指出：本中学专为愿入北京大学之学生而设。

只要你有一张高等小学文凭，愿意上北大，又暂时无法通过预科考试，你可以来这所附中学习。年假与暑假各招生一次，一个班的人数无限制，多者二三十人，少者一二人。教员由北京大学教员及毕业生充任。"学生每年缴费银一百五十圆，凡学费及膳宿制服均在内"，"毕业试验，由大学教授会严格试验，及格者可迳入预科"。

为何北大要办这么一个附中？当然不是想办补习班赚钱。当时的教育界普遍认识到，中小学教育是高等教育的基础，然而清末以来的中国教育改革，自上而下，总是优先发展高等教育、精英教育。蔡元培提议办附中的出发点，是想利用北大的教学资源，改变国内中学良莠不齐、基础不牢的状况。这也是傅斯年、罗家伦他们办《新潮》的目标："《新青年》的读者偏重在大青年、高级知识分子；《新潮》的对象，主要是小青年、中学生。"

4月19日的《北京大学日刊》上，发表了一篇译自上海《大陆报》的《入大学校之心理试验》，介绍美国哥伦比亚大学的新尝试。哥大的新考法，只测学生的智商、阅读能力、理解能力、记忆能力等。比如给出四对抽象名词，如

"懒""怠""名望""声闻"，让学生分类配对，能答三对者及格；又如考官口诵三个六位数，让考生倒读，读对一个者就及格；教员诵读两条有二十八个音的句子，考生能背出其中一句者合格……总之，与学习能力有关，与知识的记忆背诵无涉。

编者明显很欣赏这种入学考试方式，不过，文前的说明也强调，哥大之所以能"旧制之考察学业不复举行"，背后正是完备的中小学基础教育体制，"一察其学校证书，便可了然"，大学的入学考试，只负责判断其人有无能力深造。回到中国的语境来，大伙儿可没有这么乐观的教育前景。

先生们

反对派陈独秀

《新青年》第三卷第三期上有一则通信，颇有意思。来信人叫李亨嘉，他向编者提出一个问题：为什么《新青年》要主张中国宣战？

正是1917年初，欧洲大战如火如荼。亲日的总理段祺瑞要求中国参加协约国作战，反对的人很多，因此还酿成了黎元洪和段祺瑞之间的"府院之争"。社会舆论也分成两派，各持己见。不过，反对派意见居多。

李亨嘉在来信里阐述了反对宣战的理由：对德宣战虽然符合"公理"和"正谊"，但是这些并不是一国外交的出发点。比如说，一年前日军在郑家屯和中国军队发生冲突，咱们为啥不开战呢？还不是实力不如人吗？以中国的实力，即使加入战团，也只是提供些工人和粮食而已。他打了个比方：甲乙两人打架，丙正好路过，被甲打伤了，而且事情起因是甲无礼，于是丙就向甲宣战。可是丙是一个病夫，只能站得远远地向甲投掷一些木屑草头，这对于甲有什么损害？

至于中国宣战的坏处，李先生说，会助长国内的仇外情绪，而且中国老百姓自甲午、庚子、辛亥、丙辰，连续遭受战争之苦，一听开战，市面马上就会跌入恐慌萧条之中。民意，他写道，民意是不主张宣战的，宣战只是少数执政者的意思。贵杂志"代表舆论"，正应该极力反对啊，怎么反而赞成呢？

平心而论，李亨嘉的话有一定见地，后来的事实证明参战对中国的利益帮助不大。这都没关系，谁又能预见未来呢？有意思的是编者对这封信的答复。主编陈独秀答复一如平日的削切，总结起来，一共有三条：

（一）对德宣战，不是想得赔款，也不是报旧怨，更不是主张公理什么的，而是要为中国争得一点弱者的生存空间。既然和德国绝交，已非中立，与其骑墙，不如宣战。

（二）不喜欢战争是中国人最大的病根，所以几千年来只配当奴隶，图一时之苟安。所以要以民意决定外交方针，我们绝对不敢赞同。陈独秀还引申，如果什么事都决定于多数，您看吧，留辫子、裹小脚、复科举、辟帝制，难保不会都有多数人赞成。

（三）谁说本杂志代表舆论？本杂志的宗旨，就是要反抗舆论！

这份答复充满了20世纪精英知识分子真理在握指点激

扬的狂放心态。我们是最棒的，说什么都白搭，而且不怕告诉你老实话，咱们图的是中国的利益，"非以主张公理拥护公法也"！

顽固派黄季刚

湖北有三峡，有黄鹤楼，有赤壁。可是湖北出的大文人似乎不多。我没有翻查《中国文学家大辞典》，但这应该是事实。清末的一天，陈独秀在东京访章太炎，就提到这个问题。陈是安徽人，章是浙江人，这两省，不用说，近代出的大人物加上脚指头都数不完。可是它们的邻省湖北——那会儿还没有"武昌首义"，谁知道黎元洪黎菩萨？何况谈的是大文人。

不料纸壁那边有一个声音咆哮起来："安徽出了很多人物，未必就是足下！湖北没出什么人，未必就不是我！"

说话的，是湖北蕲春人，章太炎的大弟子，黄侃黄季刚。

近代古文字研究，一共有两大宗：一是"罗王学派"，罗振玉、王国维；一是"章黄学派"，章太炎、黄侃。黄侃和他老师一样，早年是革命家，民国后才废政从学。今日硕儒，当年游侠，正是那代学者的独有风神。

章太炎是"章疯子"，黄侃呢，也是个"妙不可酱油"的人。

他进北大，比蔡元培还早。蔡元培长北大后，章门弟子很是得意，什么三沈二马，周氏兄弟，朱希祖，钱玄同。可是黄侃跟他们都不同调。他看不惯北大聘吴梅来教戏曲，认为简直是丢北大的脸，他更看不惯新派教师（主要是他的同门）围着蔡校长转，骂他们"曲学阿世"——这就给了蔡元培一个外号，叫"世"。当然，他最看不惯胡适之提倡白话。胡适说白话文"痛快"，他就说"喝醉了酒被刀子砍头最痛快"。

他看得惯谁呢？刘师培，这个先出卖革命派，又参与筹安会拥袁的"民国罪人"。刘氏三代治经，可是就快没了传人。为了让刘氏经学能传下去，黄侃毅然跪下磕头，正式拜比自己只大一岁的刘师培为师。"士大夫耻相师"是自韩愈写《师说》时就有的风气。大家都是北大教授，黄侃这个头，磕得古往今来多少人汗颜！

黄侃在风气一新的北京毕竟待不惯。五四运动后，他就南下到了保守派大本营南京。在中央大学的黄侃，不那么受关注，可是他的学问传了下来。最好玩的一件事，是他上课上到一半，突然神秘地说："学校给我的薪水，只够讲到这里，你们要听下去，得另外请我吃饭。"这顿饭学生请没请，于史无征。有人就说这是黄侃师德上的瑕疵，我倒觉得，季刚先生这样说，是因为知识有它自己的尊严。反过来看，黄侃磕头拜师得来的学问，为什么就不值一顿饭？

季刚先生死得太早，值得我们拿饭去换一顿学问的老师太少。

吹哨人梁启超

北京大学的5月本来将这样度过：

原本定于4月27日举行的分科毕业同学会，因为筹备不及，改于5月4日下午在香厂桃李园公宴，商量会中事宜，AA制，每人收现洋一元；

5月7日，北大学生将举行"日本发出《二十一条》最后通牒"四周年国耻纪念日游行。这项活动主要由学生救国会发起；

成立一月有余的北京大学平民教育讲演团与京师学务局达成协议，自5月起，每逢星期日都在京师学务局下辖四所讲演所讲演，每所四名讲演员；

5月21日，北京大学将举行民国八年毕业考试，所有考试分数将在6月15日前公布；

《新潮》《国民》都在5月1日推出一卷五号，《国故》则将于5月20日推出第三期，据说会有一篇批评新潮社骨干毛子水的论文；

文本科教授胡适自4月28日起请假一星期，南下上海欢迎美国教育学者杜威博士来北大演讲……

一切都被一封电报改变了。

发电报的人，正是前清立宪党魁、"再造共和"元勋，最近又被谣传为"亲日卖国"的梁启超。他1918年底以私人资格赴欧洲考察，碰上巴黎和会，便自觉充当了国内舆论界的耳目。

早在4月24日，许多国人还沉浸在巴黎和会或会在"第一个好人"（陈独秀语）美国总统威尔逊的牵头下，将德占青岛归还中国的幻想之中，梁启超已经向国内发来了噩耗：

"对德国事闻将以青岛直接交还，因日使力争结果，英法为所动。吾若认此，不啻加绳自缚。请警告政府及国民，严责各全权，万勿署名，以示决心"——这一天，中国代表团向美、英、法三国会议提交"让步说帖"，希望将胶州湾交给五强，将来再交还中国，日本占领的土地也限一年后交还，中国赔偿日本军费，并开放青岛任由外国人居留。

但是这封电报没有立即公开发表。这是因为政府的外交委员会主张不签约，而国务院还在签与不签之间摇摆犹豫。5月1日，巴黎和会中国代表团团长陆征祥来电，倾向于签约，外交委员会紧急会议决定不签约，并急电巴黎。但是，政府局势非常微妙，外交委员会的民间代表组织"国民外交协会"决定动用民间舆论力量。负责人林长民赶写了一条新闻，并与梁启超的电报一起交给《晨报》发布，新闻题目是《山东亡矣》，结尾号召说："国亡无日，愿合四万万民众誓死图之！"

这条署名新闻后来遭到了日本公使的严重抗议，认为是这条新闻引发了学潮。而交通总长曹汝霖，直到晚年撰写回忆录，仍认定是林长民出于个人政治目的，煽动学生发起了"五四运动"。

林长民起的作用确实不小。5月2日，最坏的情况出现了，国务院密电代表团，同意签约。国务院电报处有一位林长民的福建同乡，当晚秘密报告了林。

怎么办？林长民立即密电梁启超，请他通知巴黎的中国留学生集会反对签约，又用国民外交协会的名义通电反对。国民外交协会还拍了份英文电给上海复旦公学校长李登辉，请上海响应反对。这已是5月3日上午的事。

还有什么办法没有？

外交委员会委员叶景莘提议：北大学生本来就要在7日游行，何不报告蔡先生？于是外交委员会委员长汪大燮赶忙驱车到东堂子胡同蔡宅报告。

蔡元培有心理准备，他在5月2日已经在北京大学饭厅召集学生班长与代表一百余人开会，指出目前是国家存亡的关键时刻，号召大家奋起救国。如今闻听警讯，相信蔡校长那颗清末曾为救国澎湃的心又一次剧烈跳动起来。

他立即将这个消息告诉了自己的学生。被告知者包括国民杂志社的许德珩、段锡朋，新潮杂志社的傅斯年、罗家伦——这两个杂志社的成员，后来成了五四运动北大队伍的主力成员与指挥者。

各学生当即返校，在一连串的会议后，一封通知散向北京大学每一个角落：3日晚9时，在北大三院礼堂召开全体学生大会，并且通知北京各高校代表与会。

从这一刻开始，"五四"学潮已如箭在弦上，无可避免。

在此次大会上，群众的激情到达了顶点，台上的代表慷慨激昂，台下的听众热血沸腾，还真有一位北大法科学生谢绍敏当场咬破中指，写下"还我青岛"的血书。

大会很快通过一致决议：5月7日的国耻游行提前到明天，各校齐集天安门游行示威。然而，如何表达学生愤激的情绪与反对巴黎和约的意愿？讨论中，大致以《国民》《新潮》为首，分成了两派。

国民社的主要成员都来自学生救国会，他们在1918年5月21日就曾组织过总统府请愿，那次活动也导致了蔡元培第一次辞职。当时傅斯年等人便不赞成这种形式，他们认为过激的行为会影响抗议的合法性。今天，这个矛盾又摆到了台面上。

有人提到4月中旬驻日公使章宗祥请假回国，数百名中国留学生在车站上包围他全家，将写着"卖国贼""祸首"的白旗扔向车厢，把章宗祥的一位夫人都吓哭了。"他们可以那么干，我们为什么不可以对曹、章、陆三个卖国贼来一下？"对，来一下，把抗议的白旗送到他们家里去！

新潮社不太赞成这么做，他们觉得要解决问题还得说服美、英、法这几个大国，尤其是美国。明日游行的主要目的，是向美国公使馆递交"说帖"，并将国家危亡的消息传达给北京市民。

估计蔡元培等师长更倾向于相对和平的新潮社，因为据说傅斯年被任命为明天游行的总指挥，他的主张便是"有纪律的抗议"。

会议还通过了两项决议：通电巴黎专使，不准签字；通电各省，于7日一律举行示威游行。

人们在深夜散去。从他们激动的面庞上看，这将是一个无眠之夜。明天就要游行了，还要准备标语、旗帜，还要通知各校同学，要呈交美国公使的说帖还没有拟就，要向北京市民散发的宣言还没有动笔，还要印刷、分发……但这一切的忙碌、繁杂、混乱，在国亡无日的警报刺激下，又算得了什么呢？

缺席者胡适

新文化运动的领导人之一胡适之先生，1919年4月底到上海去迎接自己在美国时的导师杜威先生访华。5月6日，他才从上海的报纸上得知北京发生学生骚乱的消息。5月7日，他收到新文化运动另一主将陈独秀的北京来信，报告了五四运动的详细经过。此时的胡适，恐怕还没有想到，这场学生运动，对于他，对于他回国后一直努力的事业，会有那么大的影响。

虽然后来做了政治上的"过河卒子"，胡适1917年刚回国时，确实曾经发誓"二十年不谈政治"。他从事的是文学革命。而文学革命，在胡适看来不外乎两点：（一）"用白话来作一切文学的工具"。因为"死文字定不能产生活文学"，而"文学革命的运动，不论古今中外，大概都是从'文的形式'一方面下手，大概都是先要求语言文字文体等方面的大解放"（《谈新诗》）。（二）提倡"人的文学"。这个口号在胡适那里，又被具体化成"易卜生主义"，即"使你有时觉得天下只有关于你的事最重要，其余的都算不得什么……你要想有益于社会，最好的法子莫如把你自己这块材料铸造成器……有时候，我真觉得全世界都像海上撞沉了船，最要紧的还是救出自己"（《易卜生主义》）。从这些主张我们不难想见，胡适之博士在五四运动这样一个以学生民众对抗政府的群体性风暴中，会采取怎样的一种态度。

其实胡适在《新青年》一班同人中，绝对算不得激进。他的《文学改良刍议》和《建设的文学革命论》，没有陈独秀断言"必不容反对者有讨论之余地"那样的武断，也没有钱玄同提出"迂谬不化之选学妖孽与桐城谬种"那样的尖刻，但因为他是始作俑者，当时舆论一致将他作为新文化运动的领袖之一，林纾那两篇出名恶毒的小说《荆生》和《妖梦》里也将胡适作为标靶之一大加攻击。这些都显示了胡适在"前五四"时期的历史地位，陈独秀虽然认为新文化运动是历史的必然产物，无关个人，但仍在1940年代回顾"五四"的文章中说："蔡先生，适之和我，乃是当时在思想言论上负主要责任的人。"胡适后来也不无得意地说："白话文的局面，若没有'胡适之陈独秀一班人'，至少也得迟出现二三十年。"

有着这样思想和这样地位的胡适之，于5月29日回到北京，自然也成为众所瞩目的对象。而胡适返京的言行，也分明可以看出明显的矛盾：对抗争政府的同情和对运动方式的拒斥，使胡适成了"五四"大潮中一名尴尬的发言者。

6月11日，陈独秀因散发《北京市民宣言》而被捕，当夜胡适就写下了一首抗议的诗《威权》，写"奴隶们同心合力"，终于让"威权倒撞下来，活活地跌死"！这首诗发在6月29日的《每周评论》（第28号）上。在同一期刊物上胡适还写了一组"随感录"，一反平生作文温柔敦厚的风格，极具讽刺与挖苦之能事。《爱情与痛苦》对被幽囚于警察厅的陈独秀表示敬意："我们对他要说的话是：'爱国爱公理的报酬是痛苦，爱国爱公理的条件是要忍受得住痛苦。'"《研究室与监狱》直接援引了陈独秀的名言："我们青年要立志出了研究室就入监狱，出了监狱就入研究室，这才是人生最高尚优美的生活。""五四"以后，社会上谣传"新潮社社员傅斯年、罗家伦被安福俱乐部收买"的传闻，胡适在《他也配》中轻蔑地说："安福部是个什么东西？他也配收买得动这两个高洁的青年！"

但另一方面，胡适也是个公开的"复课派"。他对学生说："单用罢课作武器是最不经济的方法，是下下策。屡用不已，是学生运动破产的表现。罢课于敌人无损，于自己却有大损失。"在他的影响下，傅斯年、罗家伦、段锡朋等初期学生领袖纷纷退出运动中心，并对五四运动表示反省。傅斯年更是联合胡、罗等人，要求将北京大学迁到上海去，并讨论"不要哪些人去"，被主持校务的沈尹默等人斥为"拆伙的打算"。五四运动一周年时，胡适和蒋梦麟联名发表《我们对于学生的希望》，更明确地表达了对运动的态度："荒唐的中年老年人闹下了乱子，却要未成年的学子抛弃学业，荒废光阴，来干涉纠正，这是天下最不经济的事。"

多年以后，胡适在论及"五四"时，仍然保持着他不尴不尬的"两面派"认识。一方面，他承认"经过了这次轰动全国青年的大解放，方才有中山先生所赞叹的'思想界空前之大变动'。这是五四运动永久的历史意义"(《五四的第廿八周年》)。另一方面，他坚持说，五四运动"实是这整个文化运动中的，一项历史性的政治干扰。它把一个文化运动转变成一个政治运动"(《胡适口述自传》)。

辞职了，蔡校长

5月10日，北京大学的师生拿到新印好的《北京大学日刊》，赫然入目的是首页下方的一则"蔡元培启事"。此文后世摘引时有各种标点，但原貌是这样的：

> 我倦矣（杀君马者道旁儿）（民亦劳止汔可小休）我欲小休矣北京大学校长之职已正式辞去其他向有关系之各学校各集会自五月九日起一切脱离关系特此声明惟知我者谅之

"汽"是错字，12日再刊出时才改回"汔"字。这份启事的写法，很有些六朝小品的风致，然而内容很严重：蔡校长辞职了。紧接着传来的消息是：蔡校长已经离京南下。

蔡先生引的两句典，后句出《诗经》，容易懂。前句很多人不晓得出处，于是中文系教授程演生出来解释：语出《风俗通》，原文是"长吏马肥，观者快之，乘者喜其言，驰驱不已，至于死"。蔡先生用此语，是说自己所处的地位，如果不审慎从事，一味依照"他人之观快"，恐怕身陷其害。

不管蔡元培自己日后如何解释此语"但取积劳致死一义，别无他意"，他当日依违两难的处境在这句话里暴露无遗。是他，亲自将巴黎和会中国签约的消息告诉学生；是他，默许了5月4日的聚会与游行；是他，尽全力营救了各校被捕的学生……然而，他是教育部委任的大学校长，对于这份职务，他算是尽职尽责了吗？

让我们将镜头回摇到5月3日晚上。蔡元培得知学生决计次日游行请愿，吩咐学生会干事狄福鼎转告同学，"途中须严守秩序"。

5月4日下午，北大学生走出红楼之时，说法有二：一则云蔡元培曾出面劝阻，无效；一则云劝阻的只是教育部代表（蔡元培自己的回忆取后者）。之后呢？有回忆录称：学生游行之时，教育总长傅增湘致电北大，传达政府讨论结果，要求蔡元培召回学生，不准游行及干涉政治，并请蔡到部商讨善后。蔡元培回答"学生爱国运动，我不忍制止"，即将电话挂上，亦不赴教部。这一天，蔡元培一天没有离校，也一天没有进食。

5月4日晚，北大开会，群众情绪高涨，"有的说打国务院，又有的说打警察总监，救出被捕的同学"。这时蔡元培走上了讲台，说："现在不是你们学生的问题，是学校的问题，不只是学校的问题，是国家的问题。被捕同学，我去保出来，你们可以散会。"蔡元培对学生只有一个要求：从明天起照常上课。但学生不听他的，次日决议全体罢课。

据上海《民国日报》报道，5月5日下午两点，北京十四所高校校长在北大开会，蔡元培的态度得到众位校长一致认同："五四"是一场"市民运动"，"不可让被拘的少数学生负责，若指此次运动为学校运动，亦当由各校校长负责"。蔡元培甚至说出了"愿以一人抵罪"的话。

5月6日上午，校长们继续开会。下午，众校长赴教育部，要求总长傅增湘与国务总理钱能训商洽。晚间，蔡元培再率校长团到警察厅，与警察总监吴炳湘谈判放人。吴炳湘提出两个条件：（一）明日不准学生参加国民大会；（二）各校学生明日起一律上课。"蔡先生等当即承诺这些要求。"蔡元培转头去劝说学生，罗家伦、方豪等学生领袖都说：昨天才决议罢课，明天就要复课，这怎么办得到？但蔡元培最终说服了他们。

5月7日上午，被捕学生获释。10点，载着二十三名被捕北大学生的汽车回到红楼，蔡元培率领全体师生列队欢迎。许多人哭泣不已，场面热烈。等众人情绪稍微平复，蔡元培召集师生到操场训话。他说："诸君今日于精神上，身体上必然有些困乏，自然当略为休息，况且今日又是国耻纪念，何必就急急地上课！诸君或者疑我不谅人情，实则此次举动，我居间有无数的苦衷……并且还望诸君以后坚持冷静态度。"

感动于蔡校长的奔走之余，我们也必须看到他对于学生运动明显的保留态度。5月8日的辞职，并非仅仅为了"保全北大"，那些"烧北大，杀校长"的谣言，蔡元培未必会相信。作为校长，他有义务保护学生；作为校长，他也有责任维持校纪，有谁能同时完成二者呢？蔡元培不同于其他校长，他的资历，他的威望，让他承负着两方面的期许，承负着一桩不可能的任务。

更何况，这个大学校长当下去，后患正无穷。据当时北大的教务长蒋梦麟回忆：蔡元培南下后，他和其他师生代表赶到杭州，苦劝蔡先生回校。蔡元培说，他从来无意鼓励学生闹学潮，但是学生们示威游行，"出乎爱国热情，实在无可厚非"。但是这次爱国运动却给身为校长的蔡元培留下了巨大的难题，"至于北京大学，他认为今后将不易维持纪律，因为学生们很可能为胜利而陶醉。他们既然尝到权力的滋味，以后他们的欲望恐怕难以满足了"（蒋梦麟《北京大学与学生运动》）。

一直到6月15日，蔡元培仍在坚持，不答应北大与京津沪各地师生的挽留交涉。他撰写了《不肯再任北大校长的宣言》，列出了他坚决不肯回任的三条理由。有意思的是，三条理由的次序，并不完全与一般的认知相符。

第三条理由是"学校在北京"。因为"北京是个臭虫窠。无论何等高尚的人物，一到北京，便都染了点臭虫的气味……难道还要我再去尝尝这气味么？"

第二条理由是"不自由"。他只是想"稍稍开点风气"，"于是教育部来干涉了，国务院来干涉了，甚而什么参议院也来干涉了，世界上有这种不自由的大学么？还要我去充这种大学的校长么？"

最重要的理由是"我绝对不能再作那政府任命的校长"，因为"天天有一大堆无聊的照例的公牍……什么大学文理科叫作本科的问题，选科制的问题，甚而小到……附设中学的问题，都要那拘文牵义的部员来斟酌……我是个痛恶官僚的人，能甘心仰这些官僚的鼻息么？"

看来，即使没有五四运动，蔡校长也早不想当这个唯一国立大学的校长了。可是，你自己解释是没有用的，外间的谣言仍在流传。直到1949年，五四运动已经三十周年了，还有这么一篇《蔡老先生的梦》：

> 在二十多年前大家都知道蔡老先生办北大，目的是在做总统，而北大即是他总统梦的温床。其办法是在北大造出大批自由，民主的优秀分子，散布于各层社会，各个团体，作为基础干部。只静待中国什么时候实行宪政，选举总统，这些优秀干部在各地一活动，蔡老先生便可'大登殿'，迈上民选总统的宝座。（莪公《北大与总统——红楼一角之二》）

此时，蔡校长墓木已拱。"身后是非谁管得，满村听说蔡中郎"，剩在历史上的，原只有一个模糊的身影。

公民蔡元培

二十世纪中国知识分子最佩服谁？我想是蔡元培。因为受到他人格力量的感染。1936年胡适、蒋梦麟等发起一批知识分子为他购屋祝寿，称蔡元培是这几百个知识分子"最敬爱的一个公民"，也是"一位终身尽忠于国家和文化而不及其私的公民"。

北大百年校庆时，蔡元培人气急升，俨然新一代知识界偶像。这几年的知识界偶像，有一个共同特点，就是道德化倾向比较严重。比如陈寅恪，《陈寅恪的最后20年》那本书主要是写他的气节，结果让"陈寅恪热"达到了顶峰；王小波，许多人看重的是他辞去公职的反体制行为；更不用说顾准，一句"愧对顾准"已经说明了这位思想家是怎样被读解的。说起来好笑，知识界树立偶像，不是为了维护知识的尊严，而是为了拯救道德的沦亡。

蔡元培是一位学者，是一位政府高官，是一位教育家，还是一位社会活动家。不过，他在学术上建树一般，《中国伦理学史》只是开风气之作，《〈石头记〉索隐》更是被胡适称为"猜笨谜"；蔡元培的政治能力也不强，1930年代出版的《民国名人小传》称他"因人成事，实碌碌无为者"，"为官无实绩"。这倒也不能说全是厚诬之辞，政治权谋，的确非蔡氏所长，从他与袁世凯周旋的屡屡失策就可以看出。他发起民权保障同盟，干实事的主要是杨杏佛。在这些方面，蔡元培的确算不得成功者。

蔡元培真正令知识分子钦佩、景仰，是他营建了北京大学这样一个思想自由和学术独立的天地，后来的中央研究院，实际上是北大研究所的扩大化。但是蔡元培当北京大学校长十年有半，真正在校时间只有五年半，北大的校长负责制，也远不如清华的教授评议制来得科学。1930年代，清华迅速取代北大成为中国第一高校，不能不说蔡校长手订的学校制度也有较大的弊端。这些弊端，蔡元培在，不明显，他一走，就全暴露出来了。这是为什么？说穿了，北大的兴旺局面，很大程度是靠蔡元培校长的人格魅力在维持。他就像《儒林外史》里的虞博士，他在的时候，士林好生兴旺，先贤祠香火不绝；他一走，人亡政息，风流云散，只剩下雨花台的落照，空空地映在一屋子蒙着灰的祭器上。

蔡元培的遗言中有"我们要以道德救国，学术救国"的话。终其一生，他是一个真正的"完人"。早年蔡元培在北大办进德会，从甲种会员的不嫖不赌、不娶妾、不做官到丙种会员的不吃肉、不坐黄包车，要求道德完美到了苛刻的地步。一直到他死，"蔡先生为公众服务数十年，死后无一间屋，无一寸土，医院一千余元，蔡夫人至今尚无法给付，只在那里打算典衣质物以处丧事"。自明代以来，大约除了海瑞海刚峰，没有哪个高官如此清廉。翁同龢不错，离职回乡时连路费都没有，但他毕竟有收藏的名画，还卖了五百两银子。

在我眼中，蔡元培是一个道德家。他是能真正对新旧道德的精华都身体力行的第一人。不管新派旧派，在这一点都说不出什么话来。北大百年校庆时，北大师生编演《蔡元培》中有台词曰："人人都尊崇我蔡元培，可又有谁真正与我同道啊！"我觉得这是后人的视角，未免把蔡元培瞧低了。他身上有着"明其道不计其功"的迂劲儿，他只对自己要求完美，却并不想拿这个标准去要求别的人。进德会完全是自愿加入的，对于辜鸿铭的保守，陈独秀的放浪，他都能容忍。最最难得的，是他对刘师培这个国学大师兼"士林败类"的态度。

刘师培当初鼓吹反满最烈，不久又投降满清大员端方，甘愿充当间谍，捉拿孙中山等人。在中国这样一个讲求道德的国度，刘师培的行为注定会被判处精神上的死刑。但蔡元培为之极力辩护："刘申叔，弟与交契颇久，其人确是老实，确是书呆。"

民国刚一成立，蔡元培立即与章太炎联名在报章刊登启事，寻找刘师培。这通启事大有顾贞观援友于难之风，我忍不住要抄在下面：

> 刘申叔学问渊深，通知今古，前为宵人所误，陷入樊笼。今者民国维新，所望国学深湛之士，提倡素风，任持绝学。而申叔消息杳然，死生难测。如身在他方，尚望发一通信于国粹学报馆，以慰同人眷念。

《黄金时代》里王二给陈清扬阐释什么叫伟大友谊，说即使你是个万众唾弃的卑鄙小人，我也会站在你这一边。蔡元培、章太炎对刘师培的友谊，就是这一种。后来刘师培参加筹安会，拥护袁世凯称帝，成为"民国罪人"，蔡元培仍然容留刘师培在北大教书。时人评价蔡元培"律己不苟而对人绝对放任"，背地里好些人说他"糊涂"。可是没有蔡元培的糊涂，哪来刘师培晚年闭关的著作，黄侃以友为师的传学？这几年知识界的道德热潮中，负面的典型也树了不少。但是，就像怀念傅斯年一样，我真的怀念我们的老校长，蔡元培。

学生们

传谣者张厚载

北京大学的春假，是4月1号到7号，于是收拾行囊预备春游者有之，向图书馆借来大量典籍打算好好用功者有之，住家近的，不妨回家探亲，甚或利用数日假期，返乡完婚的，也很有几个。

但有一位离开沙滩红楼的同学，不会再回来了。春假前最后一期《北京大学日刊》上刊出"本校布告"称："学生张厚载屡次通信于京沪各报，传播无根据之谣言，损坏本校名誉，依大学规程第六章第四十六条第一项，令其退学。此布。"

张厚载是江苏青浦人，北京大学法科政治系四年级学生，还有三个月就该毕业了。此时被开除，虽不能说前途尽毁，打击之大也可想而知。校长蔡元培与北大评议会一向以爱护学生著称，为何会有此决绝之举？

张厚载算得北大校内的风头人物，他为北京《公言报》主持"剧界评论"栏目，又是上海《神州日报》的通信记者。这两份报纸，学生中流传得不广，大家比较注目的，是张厚载在《新青年》上与编辑部同人的"旧戏大辩论"。主张保存旧戏的张厚载是一方，另一方当然是"废除派"，包括胡适、陈独秀、钱玄同、周作人、刘半农、傅斯年。除了同学傅斯年，全都是张厚载的师长。而张厚载身为北大学生，却甘愿扮演"遗少"的角色，让新派老师们很有些恼火。尤其是钱玄同，先说《新青年》是办给"纯洁的青年"看的，张厚载之辈不赞成无所谓，又骂张保存旧戏的主张，"与一班非做奴才不可的遗老要保存辫发，不拿女人当人的贱丈夫要保存小脚同是一种心理"。

不过张厚载的被开除，自然不是因为主张保存旧戏，他的罪名有二：一、帮他中学时的老师林琴南寄《荆生》《妖梦》给《新申报》发表；二、在《神州日报》上散布陈独秀辞职等谣言。这两件事，重点都在于"损坏北大名誉"。

这两件事，在张厚载看来大概是这样的：介绍林老师的两篇小说发表，一来是师生之谊，二来，他觉得两篇小说是旧派文人"恶搞"新派学者的"游戏笔墨"，算不得甚么——林琴南刚在报章上辟谣，称《荆生》《妖梦》"与大学讲师无涉"，张厚载却老老实实地致信蔡元培坦白："近更有《妖梦》一篇，攻击陈胡两先生，并有牵涉先生之处。"他觉得蔡校长为人大度，"当亦不甚介意也"。

再看张厚载传播的"谣言"是什么："兹闻文科学长陈独秀已决计自行辞职，并闻已往天津，态度亦颇消极。大约文科学长一席在势必将易人，而陈独秀之即将辞职，已无疑义，不过时间迟早之问题。"此文刊出，他马上收到胡适的质问信：这种"全无根据的谣言"，你从何处得来？张厚载的回信轻描淡写：《神州》通信所说的话，是同学方面一般的传说，同班的陈达才君他也告诉我这话，而且法政专门学校里头也有许多人这么说。我们无聊的通信，自然又要借口于'有闻必录'，把他写到报上去了。"他还引《申报》的新闻，证明并不只有他在传播类似"谣言"。

张厚载根本没有认识到问题的严重性。蔡元培的回信就很严厉："兄为本校学生，宜爱护母校。林君作此等小说，意在毁坏本校名誉，兄徇林君之意而发布之，于兄爱护母校之心，安乎，否乎？"对于"传播谣言"，新文化阵营的斥责更是上纲上线，还联系到此前的旧戏辩论："张厚载因为旧戏问题，和《新青年》反对，这事尽可以从容辩论，不必借传播谣言来中伤异己。若说是无心传，试问身为大学学生，对于本校的新闻，还要闭着眼睛说梦话，做那'无聊的通信'……岂不失了新闻记者的资格吗？若说是有心传，更要发生人格问题了！"（陈独秀《关于北京大学的谣言》，《每周评论》）

单从表面上，有些难以理解蔡元培、胡适、陈独秀等人对张厚载的愤怒，但背后确实有着复杂的背景。简单地说，教育部长傅增湘已经向北大发出了"整改"的最后通牒，外间谣言四起，说陈独秀、胡适等人不但会被开除，还将被捕。弄得不好，蔡元培去职、北大停办，也不是不可能的事。

但要说将这样的险恶局势归结于林琴南的两篇小说、张厚载的几封通信，而且说他们俩存心要置北大与新文化于死地，却没有任何实据。然而其他的反对力量都在暗箱操作，只有林、张师徒公开攻击新文化，新文化阵营也便将他们作为打击目标。

而在蔡元培代表的校方看来，"保存北大"是第一位的，为此蔡元培甚至不惜"去陈"——撤去陈独秀的文科学长，间接逼他辞职。胡适对这一举措深表不满，却无法阻止。为了大局，陈独秀尚且被牺牲，何况区区张厚载？

所以蔡元培3月21日致张厚载的公开信中还只是警诫"往者不可追，望此后注意"，十天后便直接公布"令其退学"。相信这种后果于张厚载，不啻晴天霹雳，他想了很多办法，希望学校撤销这个决定，"心有未甘，去找蔡校长，校长推之评议会；去找评议会负责人胡适，即又推之校长。本班全体同学替他请愿，不齿；甚至于教育总长傅沅叔替写信，也不行……特请他所担任通讯的《新申报》出为辩白，列举所作通讯篇幅，证明没有一个字足以构成'破坏校誉'之罪"，但结果仍然不能免除处分。

唯一的补偿，是蔡校长给了张厚载一张转学证明，让他转学天津北洋大学，仍然可以在当年毕业。可是张厚载心灰意冷之余，从此辍学。

而反讽的是，陈独秀3月底去职，已经坐实了张厚载传播的"谣言"。但那又如何？难道因此撤销对张厚载的处分？只能怪他不识大体，无意中帮了"反动势力"的忙，而且还连累了他衷心喜欢的"旧戏"——《每周评论》坚持说：张厚载"倚靠权势""暗地造谣"，全是因为《新青年》骂了旧戏的缘故。多么可怕的旧戏！

总指挥傅斯年

傅斯年是一个很狂的人。早年的北大，聚集了很多狂人，但傅斯年仍然可以在里面狂得出类拔萃，人送外号"孔子之后第一人"。别人跟他打招呼，总是爱理不理；说话呢，不上几句，就转过头去背书了。性情好走极端，有一次他走在路上，被飞驰而过的汽车溅了一腿的泥水，回到宿舍大发牢骚："凡是坐汽车的都应该枪毙！"如果我们可以说一个女子长得"很江南"，那么我们也可以说傅斯年这种极端性格"很五四"，这实在是典型的反抗派，"必不容反对者有讨论之余地"。五四运动中，清华学生的队伍在西单被一辆汽车挡住，学生们二话没说就把汽车掀翻了，他们的理由是："坐汽车的有几个好人？"教授里一直保持"五四"脾气的是钱玄同，他的惊人议论是："人过了四十就该枪毙！"然而他自己活了就不止四十岁，鲁迅作诗讽刺他："作法不自毙，悠然过四十。"

狂归狂，傅斯年的学问大家都是佩服的。胡适1917年到北大，顾颉刚去听了他讲中国古代哲学史，回来向傅斯年推荐，傅斯年也跑去听，课后向胡适提了一些问题。胡适后来说，他初到北大任教，发现有些学生比他的学问还大，说的就是傅斯年。傅斯年是国文门的学生，是陈汉章、刘师培、黄侃的得意弟子，到哲学门去听课是旁听，但是他听了几门哲学课以后，居然上书给校长蔡元培，要求把哲学门从文科中划分出去，要不并入理科，要不单独成立哲学科，因为他觉得哲学和文学完全不相通。这又是他那种极端脾气的反映。再比如，他入北大的头两年治国学，喜欢李商隐，后来投入新文学门下，反过来骂喜欢古代诗词的人是"妖"，罗家伦问他：你喜欢李商隐的时候呢？他说："那时候我也是妖！"

1919年5月4日下午，浩浩荡荡的游行队伍在东交民巷前受阻，外国巡捕和中国警察以安全为由拒绝他们入内。这更加激发了群众（学生和中途加入的市民）对本国政府外交屡弱的不满，他们开始高呼"到外交部去"，"到卖国贼家去"，于是整个队伍开始转向。

这与游行组织者的初衷是不相合的。"当主席团在天安门前开露天大会决定游行程序时，只说先到总统府要求拒绝在巴黎和约上签字，并惩办曹、陆、章三卖国贼，再到东交民巷英、美、法、意等公使馆，表示外交的声势，并没有决议要到曹、陆、章的住宅去的。"（周予同《五四回忆片断》）而且，北京大学学生领袖傅斯年和段锡朋早就策划好，要使示威成为"有纪律的抗议"，现在岂能任它酿成暴力的风潮？所以大会主席团成员兼游行总指挥傅斯年立刻站出来，劝同学们不要去，但他根本控制不住当时那种喧闹冲动的形势。

下午4点半左右，游行队伍来到即将被他们烧毁的赵家楼。直到这时，因为傅斯年等人的维持，群众还没有真正失去控制。据外国报纸报道："学生们排着整齐的队伍来到曹汝霖的住宅，很配称作文明国家的学生。"（《字林西报周刊》1919年5月10日）他们要求曹汝霖出来解释与日本签订秘密协定的原因。但驻守在曹宅门前的警察和宪兵毫不理会，并试图强迫游行队伍退走。人们被激怒了，纷纷将手中的小旗和石头抛入院内，接着就有人翻过院墙（据说其中有傅斯年的弟弟傅斯严），打开了大门。愤怒的群众冲了进去，这次游行的性质彻底变了。

这也可以看作傅斯年对学生运动看法的一个转折点。《新潮》社中诸人，往往都有一个从激进主义者向保守主义者过渡的历程，傅斯年也不例外。他在1919年《新潮》创刊号上发表过《社会革命——俄国式的革命》，对"俄国式革命"

表示乐观:"我认为这是现代应当有的事,将来无穷的希望都要靠着他做引子。"并且肯定地指出:"吾则谓俄之兼并世界,将不在土地国权而在思想也","俄国式的革命,——社会革命,——要到处散布了!"

具体到中国,傅斯年对通过"批判之精神"造成青年学生"战胜社会之人格"抱有极大兴趣,他认为"观察情实,乃觉今日最危险者,无过于青年学生。迩者恶人模型,思想厉鬼,遍于国中,有心人深以为忧。然但能不传谬种,则此辈相将就木之日,即中国福利之年。无如若辈专意鼓簧,制造无量恶魔子;子又生孙,孙又生子;长此不匮,真是殷忧"(《新潮发刊旨趣书》)。傅斯年与《新潮》同人在"五四"前是不排斥中国有发生俄国式暴力革命的可能的。如《新潮》一卷四期上发表易君左来信,认为中国不应发生俄国式的"社会革命",而应是美国式的"思想革命",罗家伦的回信则反驳,思想革命不过是所有革命的总因,社会革命仍不可避免。

然而他们的对策,并非像李大钊们那样的欢呼,而是希望在暴力革命到来之前,通过合法的社会改造,使民众的不满情绪得到宣泄和纾解,"为适应这事实上不能免的潮流起见,我们不能不实行社会民主主义的政治,以免他日有真正社会革命时,发生他种意外的危险"(《罗家伦答易君左》,《新潮》一卷四期"通信")。所以傅斯年等虽然也积极筹备学生的游行示威,力图通过"有纪律的抗议"对政府的政策产生影响，但他们认为的最终解决方法，仍然是傅斯年在《新潮发刊旨趣书》中指出的："不曾研诣学问之人恒昧于因果之关系；审理不瞭而后有苟且之行。又，学术者深入其中，自能率意而行，不为情牵。对于学术负责任，则外物不足萦惑；……彼能干真理真知灼见，故不为社会所征服，又以有学业鼓舞其气，故能称心而行，一往不返。"

所以学生运动真正如火如荼地开展起来后，傅斯年反而很少再出头露面。5月底胡适返京，大谈"用罢课作武器"，是"下下策"，"是学生运动破产的表现"，这正和傅斯年的主张是一致的。于是胡适、傅斯年、罗家伦联名向北大教授评议会提出，将北大迁往上海租界，不受政府控制。这实质上是要脱离北京的政治环境。傅斯年甚至还提出："搬上海，要选择哪些教员、哪些学生可以去，哪些不要他们去。"这种意见被沈尹默等人认为是"拆伙的打算"（沈尹默《我和北大》），可见傅斯年等与北大激进的教师、学生间的对立已经到了何等尖锐的地步！

《新潮》在青年学生中的影响非常之大，甚或超过《新青年》，如施存统曾来信称："自从你们的杂志出版以来，唤起多少同学的觉悟，这真是你们莫大之功了！"（《新潮》二卷二期）后来如《湘江评论》《浙江新潮》的出版，都与之有直接间接的影响。但当傅斯年1919年10月去英国留学前发表《〈新潮〉的回顾与前瞻》时，他一方面肯定了《新潮》有"勇猛的精神"，一方面又指出"同时有个武断的毛病"，

"发泄太早太猛，或者于将来无益有损"，因此他在文末向"同社诸君"提出三点希望：（一）切实的求学；（二）毕业后再到国外读书去；（三）非到三十岁不在社会服务。这与人们通常认为的"五四精神"已经相去很远了。1919年发生的"五四"，的确不是傅斯年想要的那个"五四"。

五四运动变成后来的样子，傅斯年很后悔，他和胡适去向北京大学评议会建议，要把北京大学迁到上海去，而且要开除掉一班热衷社会运动的师生。这件事，虽然主要倡议者是胡适，但我怀疑是傅斯年的主张，因为他比他的老师要果决得多。

后来有一件事也可以证明我的看法。抗战胜利后，傅斯年是飞往北平的接收大员之一。有人推荐他做北京大学的校长。他坚决辞谢，保举尚在美国的胡适来当。但是傅斯年要求当一段时间的北大代理校长。他认为胡适心太软，北京大学有很多人留在沦陷后的北平，在伪北大里担任了教职，胡适恐怕不忍心把他们全都开除，所以他来帮胡适"扫清道路"。结果傅斯年代理北大校长，果然是"一个也不放过"。对待有些名宿，很多人来说情，傅斯年一口回绝，认为如果宽宥这些人，对流离到后方的北大师生就不公平。

国民党撤离大陆，傅斯年出任台湾大学首任校长。这个大学在时人看来，就如同南朝在江南设置北方州郡的"侨州"一样，是北京大学的"侨校"。傅斯年只当了两年的台湾大学校长，就去世了。但他对台湾大学的影响之大，犹如蔡元培之于北大。台大里至今还有"傅园"，台大毕业生追怀"傅校长"，和北大人忆念"先生蔡"并无二致。刘绍铭的小说《二残游记》里，主人公二残追忆台大岁月，他们几位狂士在傅园的草坪上喝酒论学，有一段很动情的表白："傅校长，虽然我在大洋这边的美国也拿了个什么博士，但我最骄傲的，还是杜鹃花城的那个学位。"

　　一个人的遗爱能够那么深远，那么他性格上的瑕疵就可以被历史忽略。现今中国的学界政界，吞吞吐吐的人和事太多，傅斯年那样的爽快和极端根本看不到。按照高阳的说法，有本事瞧不起人叫"傲"，没有本事还看不起人才叫"狂"。这样说来，傅斯年也许只是"傲"。每当有些人和事让人哭笑不得骨鲠在喉时，我的心就会动一下，想起这位胖胖的山东人。

起草者罗家伦

　　1919年5月4日上午10点钟，北京大学外文系学生罗家伦刚从城外北京高等师范学校回到北京大学新潮社，准备和大家一道去天安门游行，同学狄福鼎推门进来，说："今天的运动不能没有宣言，北京八校同学推我们北大起稿，你来执笔罢！"罗家伦见时间紧迫，也不推辞，就站在一张长桌旁，匆匆起草《北京学界全体宣言》。罗家伦后来回忆，起草宣言时，"像面临紧急事件，心情万分紧张，但注意力非常集中，虽然社里人来人往，很是嘈杂，我却好像完全没有留意。写成后也没修改过"（罗家伦《黑云暴雨到明霞》）。

宣言写成，立即交北大教员李辛白办的老百姓印刷所印刷，原计划印五万份，结果到下午1点，才印了两万份，马上拿到街头散发。这份宣言是这样写的：

> 现在日本在万国和会上要求并吞青岛，管理山东一切权利，就要成功了！他们的外交大胜利了！我们的外交大失败了！山东大势一去，就是破坏中国的领土！中国的领土破坏，中国就亡了！所以我们学界今天排队游行，到各公使馆去，要求各国出来维持公理。务望全国工商各界，一律起来，设法开国民大会，外争主权，内除国贼，中国存亡，就在此举了！
>
> 今与全国同胞立两条信条道：
> 中国的土地可以征服不可以断送！
> 中国的人民可以杀戮不可以低头！
> 国亡了，同胞起来呀！

这是"五四"那天唯一的印刷品，"明白标出了'外争主权，内除国贼'八个字的口号，这是最显著的爱国目标"（罗家伦《国立北京大学的精神》）。

当天学生游行到东交民巷时，被外国使馆的警察拦阻不许进入。于是学生推举出四名代表入内向各国使馆递送声明书，罗家伦是代表之一。

第二天下午3点，学生全体大会在北大法科大礼堂举行，各学校三千多名代表参加，通过了上书大总统和教育部，同时通电罢课的决议。当时罗家伦在北大学联负责总务和文书，他在会上报告说，学生运动成功地争取到了商人和新闻界的支持。会上他被推为北京学生界代表，往南京、上海等地的大学联络，曾在上海参加全国学生联合会成立大会。

据胡适回忆，"五四运动"这个名词也是由罗家伦最早提出来的（胡适《纪念"五四"》）。他在1919年5月26日的《每周评论》第二十三期上用"毅"的笔名发表了一篇文章，题目就叫《五四运动的精神》，文章指出五四运动的精神是"学生牺牲的精神""社会制裁的精神""民众自决的精神"。

罗家伦虽然在五四运动中起了很大的作用，但他对运动的态度一直是很矛盾的。在1919年1月发行的《新潮》创刊号上，罗家伦发表了《今日世界之新潮》，一面热情地赞扬十月革命："这次的革命是民主战胜君主主义的革命，是平民战胜军阀的革命，是劳动者战胜资本家的革命！总而言之，以前法国式的革命是政治革命，以后俄国式的革命是社会革命。"同时又表示了对俄国式革命进入中国的忧虑："（这个潮流）若是传到中国来，恐怕就可虑得很；因为中国的普通人民一点知识没有，兵士更多土匪流氓，一旦莫名其妙的照他人榜样做起来，中国岂不成了生番的世界吗？"他的看法代表了当时一大批激进知识分子对十月革命和社会主义又期许又怀疑的心态。

五四运动以后，罗家伦渐渐接受了胡适的影响，认为学生谋求救国应以学术研究为途径，而不是大搞学生运动。当时胡适提出为避免受政府控制，将北京大学迁往上海，罗家伦也在志愿书上签了名。1919年10月，因"五四"而停刊的《新潮》复刊，罗家伦接替已出国留学的傅斯年任主编。当年12月1日，罗家伦在《近代西洋思想自由的进化》中否定了自己不到一年前的看法："我从前说法国的革命是政治革命，俄国的革命是社会革命，是错误的！"罗家伦这种转变看起来突然，实际上是他矛盾心态中一方战胜另一方的结果。1920年"五四"周年纪念，罗家伦在《新潮》二卷四号上发表《一年来我们学生运动的成功失败和将来应采取的方针》，全面检讨了五四运动的得失，肯定了五四运动的成功之处在于：（一）思想改革的促进，（二）社会组织的增加，（三）民众势力的发展，并说："总之五四以前的中国是气息奄奄的静的中国；五四以后的中国是天机活泼的动的中国。五四运动的功劳就在使中国'动'！"但总的来说，罗家伦认为五四运动是一次失败的运动，"罢课""三番五次的请愿""一回两回的游街"，都是"无聊的举动"，是在"毁坏学者"，"学生的优点固然是一律表现出来，但是弱点也一律暴露出来了"！他指出了如下三点：（一）学生万能的观点，

（二）学术的停顿，（三）落于形式的窠臼。对去年积极参与"五四"表示懊悔：

> 好不容易，辛辛苦苦读了几年书，而去年一年以来，忽而暴徒化，忽而策士化，忽而监视，忽而被谤，忽而亡命……全数心血，费于不经济之地。设使我以这番心血，来完成我所想译的三五部书，我对于中国的文明，比之现在何等贡献？偶一回头，为之心酸。

因此转而提倡"以思想革命为一切革命的基础"，"专门学者的培养，实当今刻不容缓之图"。

罗家伦后来屡任大学校长，其教育宗旨就是着力培养专门学者，极力反对学生运动。如他任清华大学校长时，就主张："要做到没有一个不经过严格考试而进清华的学生；也没有一个不经过充分训练，不经过严格考试，而在清华毕业的学生。"在当时动荡的环境中，这种做法并不得人心。1930年5月，清华大学学生因为中原大战的爆发，发起"驱罗运动"，罗家伦被赶下了台。

记录者陈其樵

陈其樵，1919年一名普通的北京高等师范学校学生。

五四运动爆发七十年后，他当年的日记得以发表。

5月4日的日记，头一句是："前日着棉，今日着单，北京气候之不定如此！"在关于"五四"的宏大叙事里，天气算什么呢？可是在北京住的人，都能体会那种冬天突然就跳到了夏天的感受吧？正如陈平原指出的："衣着与天气配合，却关乎游行者的心境。"5月4日那天，据王统照回忆，"一清早虽还有点微凉之感，午间却已烦热"，许多学生上午就往天安门进发，"穿长袍的占大多数，也有穿短黑制服的"。

陈同学大概并不是非常激进的学生，而且他因为刚种了牛痘，有些发烧，所以虽然知道国民大会一点钟开始，午饭后还是先睡了两个小时，才赶往天安门广场。这时大概快到两点半了，连被教育部代表劝阻多时的北京大学学生也已到达，广场上已经聚集了三千余人。天安门前放着方桌，有人轮流上台演讲，但晚到的陈其樵想必也与大多数人一样，"站在一层层的人群中间，又没有扩音器"，听不太清演讲者的语音，但大意是了解的，跟着大家呼口号就行了。

陈其樵本来打算听完演说便回校休息，但演说已完，大家并未散去，隐约听见要去游街，他"自度体力尚可步行十里，乃向尤君索一白布旗，上书'还我青岛'，同大队前进"。

从天安门往南，出后来拆除掉的中华门，往东交民巷进发，到美国使馆前，队伍停下来，罗家伦等四名学生代表去递交"说帖",却没能见到美国公使芮恩施——5月4日是星期天,公使先生休假去了。使馆留守人员只答应收下并转呈说帖。学生代表转而要求游行通过东交民巷,使馆区巡捕以《辛丑条约》禁止中国人进入使馆区为借口,阻止学生入内游行。学生强烈要求,该巡捕声明要和美国总统府"电话磋商"。结果电话往返达二小时之久,毫无结果。

游行队伍怀着满腔愤懑("自己的国土,不准我们的队伍通过?使馆界!什么使馆界?是我们的耻辱!"),又不能掉头,只好往长安街上进发。这时,"大队中间与后面的学生还不明白第二步的目的地所在,纷纷传问",大队前面传达过来,说要去"赵家楼"。大多数学生都很迷糊:"赵家楼在哪里?""谁住在赵家楼?"

这像是一个临时的动议,虽然也有人知道"今天早晚总会找到曹汝霖的住处与他清算",但手里只有罗家伦拟的《北京全体学界通告》,白旗上也只写了"收回山东权利""还我青岛""拒绝在巴黎和会上签字"等字。于是学生们一边行进,一边在白纸上写好:"卖国贼曹汝霖""卖国贼章宗祥",沿途向市民散发。

北京的马路那时还没现在这么宽,队伍向着东单牌楼缓慢地移动。在诸多回忆中,王统照的感受是最真切的:"那天,我预料到午后的天会热,外面只穿了一件爱国布的单长袍,可还觉得格外沉重,一顶呢子礼帽不时摘下来当扇子遮着阳光,扇扇尘土。北京的街道在那时本来就是灰沙很多,正是春末夏初，阵风一起，加上这几千人的步行蹴踏，自然有一片滚滚的尘雾，直向鼻孔口腔中钻来。在焦热的空气中，大家的激情奋发，加上一路不停的高喊，口干舌燥，有些人的声音已经嘶哑，便把手中的小白旗与帽子、手绢一齐挥动起来。"

天气与心情配合，从这个时候开始，这就不再是傅斯年、罗家伦期望中的"有纪律的抗议"了。一百多年来，层层密密的回忆、叙述、议论，将这一天包裹得面目全非。5月4日，在各方势力的争夺、遮蔽与形塑之中，变形成各式各样的"故事"与"演义"。

比如说，谁先提议去赵家楼？谁翻的窗？谁垫的脚？谁开的门？谁发现了煤油？谁点了火……尤其是"点火"这个关键环节，等不到后来，当时便已谣言四起。出版于当年9月的《五四》一书列出了起火原因的四种说法：

（一）谓群众觅曹氏不得，故毁其宅以泄忿；

（二）谓曹氏眷属纵火，冀惊散众人以免曹氏于难者；

（三）谓群众毁曹家具，误损电灯，流电起火者；

（四）谓曹宅仆人乘乱窃物，放火灭迹者。

以上四说皆有理由，究竟如何起火，至今尚无人能证明之者。

四种说法，为何莫衷一是？不在于听者"能够"相信什么，而在于不同的所者"愿意"相信什么。

学生放火一说，当然泄愤解气，但在1919年5月，如果认同这种说法，岂非坐实了学生的刑事罪名？

官厅与营救学生者，自然倾向于相信"误损电灯，流电起火"之说，这样一来，谁也没有责任，学生可以释放，曹家也可免于追究。何况英文《字林西报周刊》采用此说，对国际舆论也比较好交代。

曹家仆人窃物之说，更像是民间社会的揣度传闻，或许也非空穴来风，但在后世的叙述者看来，将爱国运动的大义与曹家的主仆家务纠葛在一起，未免太过鄙俗，此说遂渐渐湮没。

曹家放火一说，估计是当天的情境使然。你想大家正在摔柜打凳、悲欣交集之际，人多手杂，突然火光大起，难保不怀疑是"卖国贼的阴谋"，1919年8月出版的《青岛潮》便是如此叙述："未几，火起，众大愤，始知曹将烧死学子，以为泄忿计。"四十年后，当事人杨晦还是一口咬定曹家放的火："这些无耻政客，国都可以卖，还有什么事做不出来？一放火，造成学生的刑事犯罪，岂不就可以逮捕法办了吗？"虽然此说没有什么证据，但却是愤懑难当的学生们更"愿意"相信的传言。

曹汝霖的住宅并非深宅大院，三千学生能进去不过是一小部分。陈其樵就没能进去，只听见前头乱纷纷，一会儿说"进不去"，一会儿说"进去了"，又说"打东西呢"，又说"逮着人了"。陈其樵挤不进去，与同学一起绕到曹宅后门，看见"巡警数十人持枪守住"，此时，"忽见宅内火起。巡警大呼：'火起，请学生速整队归去！'"于是他们就随着大流，穿过东安市场，散归学校。回到公寓，看见好几位同学早已回来，正吃饭呢。陈其樵还未退烧，晚饭只吃一个鸡子儿。

晚饭后，有同学去北京大学打听情况。其他人聚在公寓，直等听到了"北大被捕二十三人、高师被捕八人，蔡元培答允明日全力营救"的消息，才上床就寝。这时已是5日凌晨1点。

睡前，陈其樵按习惯地记日记，在末尾他写道：

> 今日学生之举动，非原意之所及。一时激起众怒，始破扉而入，打伤贼头。若有计画如此下手，前后同时把住，曹、章两贼恐难逃活命！章贼受伤甚重，性命不甚可保；曹贼虽未被打，想已胆破心惊矣！痛快！痛快！愿其余卖国贼看样！愿天下人从兹警醒！

从陈其樵的感言中，可以感受到北京高师的气氛是比较激进的。只是陈其樵大概也没想到：他的高师同学匡互生等人，早就有了下手的"计画"，而且，放火的念头，也不是到了曹宅才临时涌现的。

那，赵家楼的火到底是谁放的呢？

纵火者匡互生？

姓名：匡互生

年龄：29岁

身份：北京高等师范学校数理部数学系四年级学生

地点：北京

不惟他们看不出学生们有痛打曹章等的决心，并且也不相信学生们会有什么暴动的——老实说，最大多数的学生，实在没有这种预备的。

（一）五四运动不是偶然发生的。是有酝酿很久的原因的……（四）五四运动不是一班青年最初就能全体赞成的。而且最初还受过许多人的强烈反对的。

——匡互生《五四运动纪实》

前夜的三拨儿学生

1919年5月3日晚，8时。

北河沿北京大学法科大礼堂中，正在召开"全体学生大会"，除了北京大学以《国民》杂志为主体的一批学生代表，还有另外十三所学校"学生代表"（对于这个表述颇值得怀疑，肯定不是所有的学校都有选举派出代表的举措），一共一千多人。会场气氛极为热烈，有《京报》社长、北大新闻研究会讲师邵飘萍报告巴黎和会关于山东问题的决议，中国外交失败的经过和原因；有北京大学预科一年级学生刘仁静拿出菜刀来要当场自杀；也有北大法科学生谢绍敏啮破中指，撕下衣襟，血书"还我青岛"四个大字……最后会议决议次日举行全体学生示威游行，提出阻止中国代表在巴黎和约上签字，要求收回青岛，反抗日本与列强，惩办卖国贼等要求。会议主席、记录、宣言起草者都是北大学生，奠定了五四学生运动"罢不罢，看北大"的基调。

而另一批北大新潮学生的代表，如傅斯年、罗家伦，对此事还蒙在鼓里。原本北大学生的倡议，是5月7日"国耻日"（日本向袁世凯政府提出"二十一条"）在天安门举行游行示威。5月3日是清华学校纪念典礼，罗家伦等人去了海淀观礼，到了晚上八九点钟回来，才发现游行示威的日期居然提前到了第二天！而且自己还被推举为二十名召集委员之一，且须负责《五四运动宣言》的起草。

这一夜无人入眠，北京大学一共制作了三千多面旗子，计划印刷五万份的宣言也只来得及印两万份。

假如此时有一部摄影机俯瞰夜空，从沙滩与北河沿一直往南，越过天安门广场、东交民巷与宣武门，停在南新华街，北京高等师范学校操场北端的西花厅里。一场秘密会议刚刚结束。会议讨论主题是："对于中日的示威运动，本会应取何种态度？"

"本会"指的是当晚正式成立的，由同言社、健社扩大发展而来的"工学会"。这个学会倡议于1919年2月，动因是"与都中专门以上各校联络对付日本要求撤换我国议和专使之交涉"，也就是针对巴黎和会的中日博弈。

这个组织强调自己与其他社团不同，"务求精神上之结合"，不定名义，不用章程，"入会与否，到会与否，均得绝对自由"。到5月3日为止，工学会有会员五十五人，其中有十人是北京高师校外成员。

工学会的灵魂人物，也是同言社与健社的发起人，是北京高师数学系四年级学生匡互生。校外的工学会成员，基本都是匡互生的湖南同乡。或许其他工学会成员还不知道，匡互生与北京大学的罗章龙、易克嶷等人，还组织了一个八所国立学校湖南籍学生为主体的"秘密行动小组"，平时都用化名。

早在确定5月7日示威游行时，秘密行动小组就达成共识：单纯的游行示威，不可能逼迫政府罢免曹汝霖、陆宗舆、章宗祥等"卖国贼"，必须有人实施暴力行动，才能震慑政府，促成收回胶济铁路。

秘密行动小组一直在做"暴力行动"的准备，探查曹、陆、章的住宅，查明行动的门路、进出的路线，等等。比如曹汝霖在赵家楼的住址，就是从高师附小曹汝霖儿子处探听到的。他们又集中到廊房头条胡同的照相馆，从那里陈列的政界名人照片中辨认曹陆章的长相。

又据说，行动小组原来的计划，是5月7日学生集会抗议，同时国民外交协会会在中央公园举行"国耻"纪念大会，曹汝霖将应邀出席之际，当众刺杀曹汝霖，造成国际影响（夏明钢《五四运动亲历记》）。匡互生自幼习武，自然以他为首。三四位核心会员，立下遗嘱，交代后事，准备好了牺牲自己，远效张良博浪一击，近学安重根刺杀伊藤博文。

但计划有变，游行就在明天！此时，秘密行动小组成员、北大学生易克嶷在法科大礼堂主持会议，工学会成员、工业专门学校学生夏秀峰，作为学生代表在场参加。游行的安排与细节尽皆知悉，工学会成立会议讨论的，是如何利用这次游行示威，达到暴打甚至刺杀曹陆章等人的目标。

仓促之间，无法搞到炸弹、手枪（据说有一位同盟会的老会员答允为秘密行动小组提供一把手枪，未遂）。工学会成员尽其所能，准备了些火柴、煤油放在身上（周予同《五四的前夕——悼互生兄》《五四回忆片断》《火烧赵家楼》均讲到此事，最早见于周予同《论五四·过去的五四》《北京大学"五四"十四周年纪念特刊》，又见熊梦飞《忆亡友匡互生》）。

这是"五四"的前夜。关于明天，有的人想着一场"有纪律的抗议"（如傅斯年、段锡朋），有的人想着"联合北京所有的学生，组织一个永久的机构"，也有人想着"反抗人类的蟊贼而牺牲"的快乐。各怀心事，风云将起。

谁第一个打进赵家楼

1919年5月4日下午，4时。

三千多名学生齐集天安门广场，打算到美国公使馆递交请愿书，到日本公使馆抗议示威。他们没想到受阻东交民巷。于是有人高喊"大家到外交部去，大家到曹汝霖家里去！"这时候哪里有什么集体决定？连游行总指挥傅斯年都无法控制游行队伍。有人提出了明确的目标，正处于迷惘状态的学生队伍自然转了向。

如果我们不被几乎占据了所有明面上学生领袖位置的北京大学完全吸引了视线，会发现五四当天参与的十三个学校里，北京高等师范学校是最积极的。他们第一批到达天安门广场（那时北京大学游行队伍还在沙滩校门处与蔡元培校长谈判），也是他们打出与"反对强权""抵制日货""还我青岛"截然不同的、目标明确的挽联：

卖国贼曹汝霖、陆宗舆、章宗祥遗臭千古

卖国求荣，早知曹瞒遗种碑无字；

倾心媚外，不期章惇余孽死有头。

北京学界泪挽

这副颇有创意的挽联就紧跟着两面五色国旗的后面，极为引人注目，同时也给了游行学生与围观市民一个明确的仇恨目标。

这副挽联的作者是北京高师学生张润芝。张润芝是工学会成员。而数年之后，还有人在报上撰文，认为此联作者是匡互生。匡在北京高师的领袖地位，可见一斑。

而更为人注目的是，学生队伍经过一个半小时的郁闷行军，抵达赵家楼曹汝霖住宅时，遇到早已守候在那里的军警阻挡。这时候，谁第一个打进了赵家楼？又是谁点燃了震惊中外的那把火？

或许是亲眼所见，也或许是出于"争荣誉"的考量，罗家伦在回忆录中将第一个爬进赵家楼的人说成北大预理科学生蔡镇瀛，而傅斯年侄子傅乐成则将这份光荣献给自己的父亲傅斯博。但更多的亲历者回忆，都指认匡互生是第一个进入赵家楼的学生，或者是他帮助下的高师同学：

> 互生纵身跃窗户，以拳碎其铁网而入，陈锡、钟巍、夏秀峰、易克嶷诸先生继之。互生方入，一巡警抱之，踣击于地，其他皆退避，门遂启。（熊梦飞《悼亡友匡互生》，1933）

> 大门旁边本有矮屋，大概是供佣人住的地方。屋有小窗，镶以玻璃，但也紧密闭着。当时，互生兄首先用拳头将玻璃打碎，从窗口爬进，将大门洞开，于是群众才一哄而进。（周予同《五四的前夕——悼互生兄》，1933）

> 一位数理科四年级同学匡日休，也就是毕业后以字

行的匡互生同学，他首先用拳头将玻璃打碎，从窗口爬进去，再将大门从里面打开。关于谁首先打开大门，后来社会上有不同的传说，但就我的了解，确是互生。因为我们当天傍晚回到学校，我在学生洗脸室碰到他，看见他的手上流着鲜红的血。我问他是怎么回事，他说是敲玻璃窗敲破的。从那天晚上起，我们同学中都已在宣扬匡日休打开卖国贼住宅大门的故事了！（周予同《五四回忆片断》，1959）

公馆大门的左右边，各有一个人多高的小窗户，这时突然有领队某君（参加五四前夕秘密会人员之一，湖南人，高师数理部学生，曾习武术，膂力过人），奋不顾身，纵步跳上右边小窗户，随即有好几个警察死死的拉住他的腿往下搋，领队的学生们看到后，有的用尽力气去掰开警察的手，坚持不下。另有一部分人就痛哭流涕地向他们演说：卖国贼如何卖国，中国如何危险等，警察们终于被感动而放松了手。某君头向里面一望，内部还有数十名武装警察，正枪口对着他。接着某君向这些警察演说，警察大概也由于良心发现，不敢开枪，改变瞄准的姿态。某君便不顾一切地跳下去，迅速而机警的把大门打开了。（俞劲《对火烧赵家楼的一点回忆》，1961）

匡互生把曹宅大门右侧一个小窗的木门，一拳打开，我在下面托他一把，他就从这仅容一人通过的小窗

口，很困难地、也极危险地爬进曹宅。接着又有四五个准备牺牲的同学爬了进去。（周予同《火烧赵家楼》，1979）

匡济从西院窗口将铁栅扭弯了两根（匡在少年时就练就了一手好内功，他只要用手一捏，就能够把弯的铁门扣捏直，其气力之大有如此者），打开了一个，他从缺口爬进去，捽开守卫的警察，将大门打开。〔夏明钢（夏秀峰）《五四运动亲历记》，1979〕

我身体较高，就踩在高师同学匡互生的肩上，爬上墙头，打破天窗，第一批跳入曹贼院内。（陈荩民《回忆我在五四运动的战斗行列里》，1979）

高师同学匡日休奋勇踏着人肩从门房（传达室）后窗爬进，打开大门，另外一个高师同学陈荩民越墙而入。（初大告《五四运动纪实》，1979）

北京高等师范学校学生陈鸿勋（浙江天台人，后改名陈荩民，毕业后，曾任天津北洋工学院院长）等急中生智地就踩在同学匡互生（高师三年级学生，湖南人）的肩上，第一批从旁边窗门爬进去，从内面把曹宅大门打开。（邵延燾《从五四游行到六三运动》，1982）

匡互生发现曹宅有个窗户，他就利用从小练就的一身功夫，在同学们的帮托下，一拳打开窗子，跃身而下。我见此情景，怕他孤身吃亏，也紧跟而下……不久就看见匡正在奋力拔开大门杠。（张石樵《怀念五四壮

士匡互生》, 1984）

此外，承认匡互生是"打进赵家楼第一人"的亲历者，还有北京大学的杨晦、北京高师的杨明轩、张作人等人。从回忆录来看，距离"五四"时间越久，匡互生打进赵家楼的细节越丰富，而是匡互生还是陈荩民最先进入曹宅，也呈现出一种调和的趋势。

谁划燃了那根火柴

匡互生在《五四运动纪实》中，完全没有提出自己是否首位进入曹宅的学生，只是说"那些预备牺牲的几个热烈同学，却乘着大家狂呼着的时候，早已猛力地跳上围墙上的窗洞上，把铁窗冲毁，滚入曹汝霖的住宅里去"。倒是对于放火一事，匡互生在五四运动后曾对同乡乐天宇"很谦虚的回答说：'何功之有，不过划燃一根取灯儿（即洋火，北京当时名取灯儿）而已。'"。

不过，这根"取灯儿"从何而来？也有不同的说法。按罗章龙的说法，火柴、煤油都是头天已经准备好的，而俞劲回忆说还在大街上游行时，匡互生让他快跑去买盒火柴，他当时还奇怪匡互生又不吸烟，要火柴干么？后来才恍然大悟。然而张石樵言之凿凿地说："至今仍有不少人误把匡互生说成是烧国贼的放火者，这应该加以更正，真正放火者为俞劲（又名慎初）。我们不能为此而改写历史。"（《怀念五四

壮士匡互生》)

假设确实是匡互生首先举火，他放火时身边有谁，也是一个谜团。北大学生肖劳在回忆文章中说，他看见"穿着长衫的两个学生，在身边取出一只洋铁扁壶，内装煤油，低声说'放火'。然后进入四合院内北房，将地毯揭起，折叠在方桌上面，泼上煤油，便用火柴燃着，霎时浓烟冒起。我跟在他们后面，亲眼看见。大家认得他俩是北京高等师范的学生"（《火烧赵家楼的片断回忆》）。莫非这二位就是匡互生与俞劲？而另一位北大学生何思源却说"学生们在曹宅里发现了几桶汽油，他们就用这几桶汽油把火点着了"，何思源本人还往火里浇过汽油。匡互生的高师同学熊梦飞1933年的悼念文章，则说眼见匡互生拿着曹家的门杠（这也是他打开大门的证据），直奔入曹家卧室，用铺盖被褥点燃了火（《忆亡友匡互生》）。周予同1933年、1959年的回忆文章，均未提到放火一事，但到了1979年撰写的《火烧赵家楼》，突然出现"匡互生便取出火柴，同我一起将卧室的帐子拉下一部分，加上纸头的信件，便放起火来了"的情节。

匡互生是不是第一个打进赵家楼，恐怕很难说清，他打破玻璃窗应该是事实，但谁先跳进墙去，就不好说了。放火倒应该是蓄谋已久的举动，虽然随身带着煤油，却临时在大街上才买火柴，有些奇怪。5月4日，匡互生多次表示要向警局自首放火事实，换回无辜被捕的同学，都被身边朋友劝阻。（参见熊梦飞《忆亡友匡互生》等回忆文章。）

不怕做第二个谭嗣同

正如《国民》主编之一黄日葵分析的那样，北京大学学生中有两种倾向："一种倾向是代表哲学文学一方面，另一种倾向是代表政治社会的问题方面。前者是新潮杂志社，后者是国民杂志社。《新潮》于思想改造、文学革命上，为《新青年》的助手，鼓吹不遗余力，到今这种运动已经普遍化了。国民杂志社的一群，始初以反抗国际帝国主义（日本）之压迫这点爱国的政治热情相结合。在杂志上可以看出他们对于政治问题、社会问题是特别注意的。"（《在中国近代思想史演进中的北大》）

《新潮》与《新青年》编辑部的师长比较接近，定位也是学生刊物，而《国民》则近于社会杂志，与传媒界的关系较深。从社会运动的角度看，《国民》当然介入政治更深，也更愿意联络北京各高校。匡互生基本属于《国民》阵营，但更激进，秘密行动小组中很多人也都是《国民》杂志的编辑成员，如易克嶷，还有同属新民学会的一帮湖南人，如罗章龙。

从年龄来看，《国民》阵营的很多人与《新潮》成员比，虽然只大了五六岁，但在动荡激烈的清末民初，实际已经划分出了代际。1919年，傅斯年、段锡朋都是24岁，罗家伦23岁。而许德珩已经30岁，匡互生29岁。许、匡二人，都曾经参加辛亥革命的直接战斗，难怪匡互生《五四运动纪实》中强调五四运动的起因有一条是"革命暗示的残留"。

清末废科举之后，亟须大量中小学教师，而旧式教育下成长的士子无处可去，不入新军，即投师范。南北议和之后，贫寒大龄子弟更是纷纷进入不收费的师范学校，"吃饭学校"的称呼由此而来。匡互生年龄不小，又从小习武，为人急公好义，果断决绝，在北京高师自然便成为学生领袖。

匡互生十岁时，就在家乡湖南邵阳经受过饥荒。他十三岁入长沙邵阳中学，因为在作文里痛斥袁世凯委任的湖南督军汤芗铭，引来军警抓捕，国文教师李洞天为保护他被枪毙，匡互生也被迫隐匿山林，改名换姓才得以存活。

匡互生在"五四"期间表现突出，让他成为"箭垛子"式人物，各种传说都往他身上附会。即如在赵家楼曹宅，综合各家回忆，跳墙开门的是匡互生，首先纵火的是匡互生，率领众人围殴章宗祥的，还是匡互生。当时的真实情况，几乎难于索解。正如那副挽联，也有人说成是匡互生所作。

但可以确定的是，"五四"事件呈现如此的面目，跟匡互生为首的工学会、秘密行动小组等组织的预谋与筹划，关系紧密。一是将学生运动的指向，从泛泛的"外争国权"，具体化为针对个人的"内惩国贼"；二是在东交民巷受阻时，呼吁学生队伍转向赵家楼；三是在军警保护下，以暴力形式闯入赵家楼，并纵火殴人，令学生运动一变为政治事件、法律事件。几乎可以说，五四运动的爆发与行进，不在傅斯年、段锡朋等人的想象中，倒是在匡互生、易克嶷、罗章龙这些湖南人设计的轨道上一路向前。

像北京大学的杨晦追忆当时的想法："怎么交涉曹汝霖也不肯出来。其实，他当时出来了，也许大家就骂他一顿卖国贼之类，丢下旗子走开，也难说。"（《五四运动与北京大学》）这就完全错估了激进派的决心与行动力。匡互生等人并不怕杀人放火，他们已经做好被抓偿命的准备，他们不怕做第二个谭嗣同。

"他是一个苦行僧"

匡互生这种一往无前的决绝精神，在五四运动后的教育事业中也展露无遗。他破格任用没有学历的毛泽东为湖南第一师范教员，又曾为一位学生黄源上体育课戴毡帽的权利，辞去白马湖春晖中学的教职，与丰子恺、朱光潜等朋友在上海创办立达学园。创办立达学园时，他曾找过黎元洪捐款，黎元洪派副官接待，以计划自办大学为借口，只捐二十元。匡互生拒不接受，欲拂袖而去，经副官力劝才勉强收下。

匡互生还曾组织中韩互助社，为此得到大韩民国流亡政府的感谢状。1932年"一·二八"事变爆发，日军入侵上海，匡互生掩护韩国志士三十余人，混入立达学园师生中，自上海疏散至无锡。4月，日本军民齐聚虹口公园，庆祝天皇诞辰，在匡互生的暗中支援下，韩国志士尹奉吉潜入会场投掷炸弹，当场炸死侵华日军司令白川义则大将等人，日本总领事重光葵重伤。这种举措，与匡互生在五四运动中的思路，实如出一辙。

朱自清在《哀互生》里说："互生最叫我们纪念的是他做人的态度。他本是一副钢筋铁骨，黑皮肤衬着那一套大布之衣，看上去象个乡下人。他什么苦都吃得，从不晓得享用，也像乡下人。他心里那一团火，也像乡下人那一团火，是热、是力、是光。"匡互生只活了四十二岁，但他像一颗划过夜空的炽热流星。

1925年，因为有人在一次五四纪念会上说"五四运动是乌合的一场闹剧"，匡互生拍案而起，会后又撰写《五四运动纪实》一文，刊发于《立达》半月刊，嗣后结集成书。在文末，匡互生列出了七点结论（大部分五四运动回忆录都没有收录）：

（一）五四运动不是偶然发生的，是有酝酿很久的原因的。

（二）五四运动虽然没有生命上的牺牲，但最初真正预备牺牲的实在有二十余人之多，并且因为预备牺牲者努力的结果，便引起其他多数的预备牺牲者，所以运动的力量就因此增大了。

（三）五四运动能使无论什么——惟利是视的商人，杀人不眨眼，休戚无关于的外国人以及平时只知有命令，不知有公道正义的警察等——都受感动的，就在于运动者有牺牲的决心。

（四）五四运动不是一班青年最初就能全体赞成的，而且最初还受过许多人的强烈反对。

（五）五四运动所以不为军人政客的诈术所破坏所污辱的，就在大家所抱的目的是非常地正大光明，并且完全是公共的。

（六）五四运动所以能够持久就在于平时有团体的锻炼，临时有相当的组织。

（七）五四运动所以能使奸滑狡猾的政府穷于应付的，就在于运动者的思想超出政府的思想上，因而根据思想所发生的计划也就超出政府的预料以外了。

匡互生认为，如果不依照上述的结论而"妄作主张"，只会导致"轰轰烈烈的五四运动的精神就澌灭殆尽，甚至于一切罪恶都假这群众运动的名词以行"。此种感慨，早在1919年夏末，匡互生就已经对好友熊梦飞发出了这样的感慨：

七月后纯洁之民众运动，渐为投机者借以风头，失却大众信仰，而政府颇知应付之方，旧调不可复弹矣！

这就是匡互生理想中的五四运动：一个"纯洁之民众运动"。他是一位无政府主义者，他从来没有因为"打进赵家楼第一人"得到过什么。1945年秋，毛泽东在重庆谈判时会见巴金，谈到匡互生时说"他是一个苦行僧"。从"五四"

前后，匡互生就已经是如此了。

被捕者杨振声

1919年5月25日，在"五四"当日被捕、刚刚释放几天的北京大学国文系学生杨振声，受北京学生联合会委托，与其他三名代表一起，去向京师警察总厅办交涉，要求归还被扣留的《五七》日刊。

《五七》日刊是五四运动后，北京学生联合会为了便于继续奋斗，出版的一份小报（取名"五七"，一是纪念5月7日被捕学生的释放，二来"五七"是日本向中国提出"二十一条"的国耻日）。学生在街头讲演时，可以用来分送路人。但刚出四期，就被警察扣留了。

警察当局拒绝了学生代表的要求。"警察总监吴炳湘又长又臭，夹软带硬地训了我们一顿，我们还是要他还我们的报。'你们煽动军警造反！'我们知道这是因为学生在街头讲演时，也有军警站在人群中听，而且在最近周刊上有一篇《告军警书》。他们有些惴惴不安起来。我们还是要他还我们的报。'怎么？'他的脸红涨得像灌肠。大叫：'给我扣下！'我们就被押送到一间阴湿发霉的小屋子里去了。"（杨振声《回忆五四》）

一星期后杨振声被释放，同年11月去美国留学。但是作为五四运动前后的潮头人物之一，“五四”在杨振声身上留下的烙痕是如此之深，他日后对“五四”的反思也特别值得关注。

对于五四运动爱国和反封建的方面，杨振声一直是肯定的。《回忆五四》一开始就讲了“小时候的两件怪事”：嫁给牌位的新娘和横行霸道的日本兵船。“在他出狱后写的家信中，充满了对帝国主义和北洋军阀卖国贼的痛恨之情……当他在美国学成归国回蓬莱看望我们的祖父、祖母时，当地的美国传教士想见他，被他拒绝了，他对我们说，这些人到我们国家来传教、办学校、开医院，真正目的是为了侵略我们。”（杨起《怀念我的父亲》）

1918年，杨振声参与创始了新潮社，任《新潮》编辑部书记。从“五四”前发表的《渔家》《一个兵的家》到1920年的《贞女》，杨振声作品的特点是“极要描写民间疾苦”，如《贞女》写的就是一个姑娘因嫁给一个木头牌位而自杀的悲剧，正像鲁迅指出的，“每作一篇，都是‘有所为’而发，是在用改革社会的器械”（《中国新文学大系·小说二集序言》）。

但在1949年前后的著述中，杨振声开始对“五四”的文化意义进行怀疑和反思。在发表于1949年5月4日的《我蹩在时代的后面》中，杨振声将自己“五四”以来的表现概括为“我是闷在葫芦里了，这葫芦是以个人主义为表里的”，“我深感我的最大的敌人是我自己”，进而推衍到“五四时代的文艺"，认为"为人生而艺术的也好，为艺术而艺术的也好，都是以'小我'的兴趣为中心，以中产阶级的生活为内容的"。

同日发表的《"五四"与新文学》一文中，杨振声指出了五四运动与新文学的关系："五四运动除了反帝反封建两层重要意义外，它还有一个附带的意义，那便是与新文学的关系。在根本上说，二者都是解放运动；在形式上说，五四运动是思想表现于行动的解放形式；新文学运动是思想表现于语言的解放形式。"他认为这个运动"主要是工具上的改变，就是以现代的语言来写现代的生活"，但它的内容是"以资产阶级为对象，以个人的兴趣为出发点的"，因此"自五四以来，三十年中的文学，在暴露帝国主义和封建社会方面最显出它的力量与成绩。换句话说，它还属于在破坏时代的产品，不是建设时代的产品"。

1950年，杨振声发表《从文化观点上回首"五四"》，全面地批判了"五四"在文化上的弊端，几乎达到了完全否定"五四"时期文化的地步。他认为"五四"在文化上，是"一古脑地反对中国旧文化，而又盲目地崇拜西洋新文化。换句话说，便是无批判地反对中国文化，而又无批判地接受西洋文化"。"当时对自己的文化，凡风俗、礼教、哲学、艺术、文学等只要是中国的旧东西，就不加分别，一概反对。""再讲那时对西洋文化的态度罢，这是一物的阴阳两面。天哪，那真有点奴性的崇拜！"杨振声对"五四"后的文艺表示"惭愧",原因是"盲目地崇拜伟大与刻板地摹仿伟大,都不是伟大,也不可能创造伟大"。他觉得新文学对民间的东西吸收得不够,不是"土生土长的",因此不为老百姓喜闻乐见,导致了其"微弱的命运"。这些批判当然是受到了《在延安文艺座谈会上的讲话》的影响,但也不乏作者的亲身体会。

对于这种种弊端的起因,杨振声认为看似与反帝反封建的政治环境不一致,但实质上是相合的:"外抗强权,而又欲学其致强的原因,故一切吸收;内伤贫弱,而又欲消灭其贫弱的来源,故一切打倒。"他的结论是:"虽矫枉过正,势有必然;但到底是过正了。"

领导者段锡朋

据和匡互生一起参加五四运动的周为群回忆:"学生群众走进曹宅,先要找卖国贼论理,遍找不到。匡互生遂取出预先携带的火柴,决定放火。事为段锡朋所发觉,阻止匡互生说:'我负不了责任!'匡互生毅然回答:'谁要你负责任!你也确实负不了责任。'结果仍旧放了火。"(《〈五四运动纪实〉附录》)

这段对话,无论真假,大可玩味。它不仅表现了五四的参与者对运动方向的不同意见,还间接说明了段锡朋在学生运动中的地位。正是"学生领袖"的身份，使段锡朋觉得自己要为运动的结果负责。

早在五四运动前一年，段锡朋就已作为北京学生的代表出现在中国的政治舞台。1918年5月，留日学生千余人为反对段祺瑞与日本秘密签订《中日共同防敌军事协定》，罢学归国，组成"留日学生救国团"，首领之一曾琦北上京师，策动北京学生声援。5月21日，北京大学、北京高师、北京法政专门学校、北京工业专门学校两千多名学生，列队来到新华门请愿，并推举十三名代表面谒总统冯国璋，内中就有北京大学商科二年级学生段锡朋。这次运动的结果是10月20日"国民杂志社"的发起，段锡朋担任评议部部长。

很多回忆者往往因为段锡朋后来做了国民党的大员，即闻一多所说"靠五四起家的罗家伦、段锡朋之流，都堕落成反民主的人物了"，而绝口不提或轻描淡写段锡朋在五四运动中起的作用。其实段锡朋在当时学生中的影响，丝毫不亚于许德珩等辈，甚至尤有过之。正如周策纵在《五四运动史：现代中国的知识革命》中指出的：谁是五四运动的实际领导者这个问题，由于各有关政治和社会集团出于党派的考虑而被弄得含混不清了。

1919年5月5日上午北大代表会议，成立北大学生联合会，段锡朋以北大学生干事会总务股主任的身份当选为学联代表。下午3时，在北大法科礼堂召开各校联合大会，有三千人参加，段锡朋担任会议主持者，并报告了上午各校代表会议关于要求释放被捕同学，惩办卖国贼，举行总罢课，拒签巴黎和约等决议。不久后，北京中等以上学校学生联合会成立，段锡朋当选为会长。学生联合会立刻成了运动的中枢，"几成为国民议事机关，握至大之大权威"（熊梦飞《五四壮举》）。

5月18日，北京学界几千人在北河沿法科大礼堂举行郭钦光（五四运动中忧国身亡的学生）追悼大会。段锡朋在会上回应了一些人对学生运动的偏见："现在一般人每有一点误会，谓舍求学外，不能救国。不知时有缓急，事有轻重，今日何时，尚有我们伏读寒窗的工夫么。我们若是只管念书，终无争回青岛的一天。若是群起力争，或有达到目的的一日。"（《民国日报》1919年5月21日）

5月底段锡朋赴上海继续推动五四运动。6月2日，段锡朋在上海学联全体大会上介绍北京学生运动时，劝告上海同学发动商界："对于商业，吾人应负唤醒之责。如商人不能感动，亦系吾辈缺少诚心，吾辈必竭诚劝告商工界，使与吾人主张一致。"并说："今日乃惟一之时机，决不可放过。"（《新闻报》1919年6月3日）

6月5日，"上海商学工报联合会"成立，参加者二三百人，段作为北京学生代表与会，会议通电："卖国贼存在一日，商工学界即辍业一日，誓不反顾。"

6月16日，来自各省市的三十多名学生代表在上海成立了中华民国学生联合会，其他社会和经济团体两百多位著名人士参加。6月18日，段锡朋主持会议并发表演说，后来当选为会长，任期一年。此时段锡朋在学生运动中的声望如日中天，被人称为"段总理"。五四运动的中心也就随之转移到上海。李剑农在《中国近百年政治史》这样评价全国学联的作用："我敢大胆地说一句——此时候已经有了长久历史的国民党的组织，其和党员间的联络指挥，恐怕还不如这个新成立的全国学生联合会组织完密，运用得活泼灵敏。后来共产党和国民党在军阀势力压迫下的各省，大概是靠了学生联合会作宣传主义吸收青年党员的大本营。可知道所谓五四运动的意义了。"

五四运动后期，段锡朋和傅斯年、罗家伦一样，受到胡适很大的影响。胡适从上海回京后，要段锡朋劝学生们复课，说："国家的纷扰，外间的刺激，只应该增加你求学的热心和兴趣。"（高一涵《从五四运动中看究竟谁领导革命？》）6月，段锡朋从北大毕业留校，渐渐退出了运动的核心。

1919年下半年，北京大学接受上海纺织业巨商穆藕初的十多万元资助，送五个学生留美，即段锡朋、罗家伦、康白情、周炳琳、汪敬熙，当时教育界人士讥之为"五大臣出洋"。这当然带有很强的讽刺意味，不少人认为，这五人能够留美，胡适居间策划起了很大作用。段锡朋以前的战友许德珩干脆认为，段锡朋被收买了，"回国后甘心附逆，成为蒋介石的一条忠实走狗"（许德珩《五四运动六十周年》）。

守护者闻一多

1919年5月5日清早，僻处城郊的清华大学。昨晚才从进城的同学那里听说天安门前掀起风潮的清华学生，惊奇地发现：食堂门口贴出了一张大红纸，上面用工楷整整齐齐地抄着岳飞的《满江红》。这一下，平静的清华园也沸腾起来了。

贴这张《满江红》的，是高等科二年级学生闻一多。

当时的闻一多，在旁人眼中并不是个激进的人。他少年时被人称为"书痴"，本来就不大关心外界事物，加上又进了清华，所以到了"五四"前夕，他还在读《清诗别裁》，写《明城考》，对《清华学报》准备改用白话文仍然持保留意见！（《闻一多年谱长编》）这样一个人，居然会率先响应学潮，实在是件出人意料的事。

其实也不意外，闻一多在爱国的问题上是从不含糊的。1917年段祺瑞政府参加"一战"后，英国招工局来招收华工译员，清华学生视此为报国之途，钱宗堡、吴泽霖等报名被录取，但临行事泄，钱、吴被学校强制带回，并拟给予记大过处分。闻一多为之大呼："爱国无罪！""爱国的权利，不容剥夺！"这些话被同学认为"十分精辟"，传扬一时。（吴泽霖《老友一多二三事》）

所以当日清华召开五十七人会议，讨论是否参加"五四"时，闻一多说："清华住在北京，北京学生救国，清华不去参加。清华，清华，难道你真的不算是中国人的学校了吗？"（闻立鹏《血土》）此次会上，闻一多当选为学生代表。7日，学生代表团正式成立，闻一多任职于秘书部。

闻一多在5月17日的家信中，向父母叙述了自己对五四运动的看法："国家至此地步，神人交怨，有强权，无公理，全国懵然如梦，或则敢怒而不敢言。卖国贼罪大恶极，横行无忌，国人明知其恶，而视若无睹，独一般学生取冒不韪，起而抗之。虽于事无大济，然而其心可悲，其志可嘉，其勇可佩。"同时闻一多对清华大学在运动中的表现感到十分骄傲："此次北京二十七校中，大学（指北京大学）虽为首领，而一切进行之完密、敏捷，终推清华……清华作事，有秩序，有精神，此次成效卓著，亦素所习练使然也。"对自己在代表团中的作用也颇感自豪："男与八哥均在秘书部，而男责任尤重，万难分身。"并告诉父母，他决定暑假不回家，在学校参加爱国活动："男在此为国作事，非谓有男国即不亡，乃国家育养学生，岁縻巨万，一旦有事，学生尚不出力，更待何人？"

他的一位同学这样记述了闻一多在运动中的表现："闻一多则埋头苦干，撰通电、写宣言、制标语，做的是文书的工作。他不善演说，因为他易于激动，在情绪紧张的时候满脸涨得通红，反倒说不出话。"（梁实秋《谈闻一多》）

最能体现闻一多的热情和勇气的是6月4日的游行。前一天（3日），北京学生恢复了一度中断的街头演讲，立刻遭到政府的严厉镇压，清华大学进城的百余名学生全部被捕。

但第二天仍然有一百六十多名清华学生进城，执行市学联上街演讲的决议。闻一多本来被分配做文书工作，一向不参加演讲，但这天也和大家一起出发了，而且行前也带备了水壶干粮和洗漱用具，做好了坐牢的准备。

6月16日，全国学生联合会在上海成立。闻一多作为清华代表，参加了旋即召开的学联常会。6月27日，全国学联第一次临时干事会讨论了日刊出版问题，闻一多正式担任学生联合会日刊编辑。

8月5日，全国学联举行闭幕式，孙中山在会上演讲，给闻一多留下了极深刻的印象。孙中山在演讲中指出："惟学界此次举动，差强人意。盖以革命经验而言，其弊亦复在乎不统一。"闻一多对"五四"的看法明显受此影响，直到1945年，闻一多还认为，因为当时工人没有起来，所以五四运动算不得成功。他的看法是："当初五四运动是一个零碎的青年运动，没有组织，慢慢才出现群众的运动，那时由于国民党的加强，这运动转成了一个具体的政治运动：由于一个党派，有组织的集团的接受和领导，于是这运动有了结果。当时我们感激国民党，感激孙中山先生的领导。"（1945年5月3日闻一多在"五四青年运动座谈会"上的发言）所以他一直拥护国民党，拥护蒋介石的"一个领袖，一个党派，一个政府"。

而他对国民党产生怀疑，并最终分道扬镳，也与"五四"有关。1944年，国民党政府将原来定在5月4日的青年节改成了3月29日，这引起了素崇五四传统的西南联大师生的强烈不满，到了蒋介石在《中国之命运》一书中正式提出要"恢复儒家的伟大传统"，闻一多简直忍无可忍了，他在《八年的回忆与感想》中写道：

> 《中国之命运》一书的出版，在我一个人是一个很重要的关键，我简直被那里面的义和团精神吓一跳，我们的英明领袖原来是这样想法的吗？"五四"给我的影响太深，《中国之命运》公开的向"五四"宣战，我是无论如何受不了的。

闻一多一度拥护国民党是因为他"爱国"，他后来反对国民党是为了要求"民主"和"进步"。这种种态度无不与五四精神息息相关。闻一多曾严厉抨击西南联大当局"胆小怕事，还要逢迎"，他在1944年5月3日的"五四"晚会上说："在一个没有民主的国家，埋头搞学问有什么用？学生是国家的主人，有权过问国家大事，如果认为一个国家要学生耽误学业来过问政治就是不幸，那么，造成这种不幸的原因，还不是因为没有民主？""五四的人物是没有完成五四的任务的。五四要科学，要民主，而靠五四起家的罗家伦、段锡朋之流，都堕落成反民主的人物了。"（萧荻《我们应当写闻一多颂》）做出这一切的批评，闻一多依据的都是"五四"的标准。

由此我们可以明白，闻一多虽然在很长时间内专心治古典，以至足不出户，被戏称为"何妨一下楼主人"，但由"五四"点燃的尊尚爱国、民主、科学的火焰，从未在他胸中熄灭。他虽然有很好的古文功底，但却"愈读中国书愈觉得他是要不得的"，罗隆基曾说闻一多从拥护国民党到反对国民党是"变"，其实只不过是他一直遵奉着五四精神罢了！闻一多政治上的识见可能不见得高明，但他却是一个坚持自己信念的人，在青岛大学时劝阻学生运动时如此，在昆明时支援学生运动亦复如此。用他自己的话说，就是：

> 我是幼稚的，但要不是幼稚的话，当时也不会有五四运动了。青年人是幼稚的，重感情的，便是青年人的幼稚病，有时也并不是可耻的，尤其是在一个启蒙的时期，幼稚是感情的先导，感情一冲动，才能发出力量。(《五四历史座谈》)

局外人梁实秋

1919年在北京读书，后来又成为新文学健将的人物，"五四"时大多是热情的参与者。但梁实秋是个例外。他在"五四"时并没有足以为后人提及的个人行为，后来关于"五四"的评论也颇有批判的意味。从这里我们似乎已可以窥见梁实秋作为"新人文主义者"的轨迹。

梁实秋于1915年考入清华，当时的清华还只是"留美预备学堂"，僻处城郊的海淀，纪律严明而且重外轻中，"回家的手续是在星期六晚办妥的，领一个写着姓名的黑木牌，第二天交到看守大门的一位张姓老头儿手里，才得出门。平常是不准越大门一步的"（《清华八年》，下同）。"大部分学生轻视中文的课程，这是清华在教育上最大的缺点。"在这样的环境中，清华学生和外界，和城内学校的联系都不太多。因此"五四"当天，并没有清华学生参与游行。

但是清华并非世外桃源，即使是被同学认为"不太问时事"的梁实秋，对清华内部的状况，也同样表现出了反抗的一面。梁实秋自小家庭规范极严，他对清华严厉的纪律倒能安之若素，数十年后还坚持认为，"至少我个人觉得我的个性没有受到压抑以至于以后不能充分发展"。但梁实秋对充斥清华的对中文的轻视不能无所感触。清华当时上午的课用英文讲授，下午的课用中文讲授，极不重视中文课，不尊重中文教师，"这在学生的心理上有不寻常的影响，一方面使学生蔑视本国的文化，崇拜外人，另一方面激起反感，对于外人偏偏不肯低头"。梁实秋的反应属于后者，"我下午上课从来不和先生捣乱，上午在课堂里就常不驯顺。而且我一想起母校，我就不能不联想起庚子赔款，义和团，吃教的洋人，昏聩的官吏……这一连串的联想使我惭愧愤怒"。

所以5月19日北京学生开始街头演讲后，梁实秋也随着大队进城了。在前门外珠市口，梁实秋所在的小队从店铺里搬来几条木凳横排在街道上，开始讲演。人越聚越多，讲演的情绪越来越激昂，这时有三两部汽车因不得通过而乱按喇叭，顿时激怒了群众，不知什么人一声喝打，七手八脚地捣毁了一部汽车。这件事使梁实秋对五四运动有所反思："我当时感觉到大家只是一股愤怒不知向谁发泄，恨政府无能，恨官吏卖国，这股恨只能在街上如醉如狂的发泄了。在这股洪流中没有人能保持冷静，此之谓群众心理。"

接下来的一件事让梁实秋开始反感"五四"的做法了：章宗祥的儿子和梁实秋同一宿舍，五四运动开始后，章子就悄悄走避了。但是还是有许多人不依不饶地涌进了寝室，把他的床铺捣烂，衣箱里的东西也扔得狼藉满地。这让从小在守礼不移的旧家庭长大的梁实秋非常不满。

正如梁实秋所说："五四运动原是一个短暂的爱国运动，热烈的，自发的，纯洁的，很快就过去了。可是年轻的学生们经此刺激震动而突然觉醒了。""五四"之后，运动中建立起来的学生会开始向学校要求自治的权利，选举评议会过问学校事务。梁实秋在清华的最后几年一直担任评议员。他对这种经历的感想居然是："我深深感觉'群众心理'是可怕的，组织的力量如果滥用也是很可怕的。我们在短短期间内驱逐的三位校长，其中有一位根本未曾到校，他的名字是罗忠诒，不知什么人传出了消息说他吸食鸦片烟，于是喧嚷开来，舆论哗然，吓得他未敢到任。人多势众的时候往往是不讲理的。学生会每逢到了五六月的时候，总要闹罢课的勾当，如果有人提出罢课的主张，不管理由是否充分，只要激昂慷慨一番，总会通过。"对此梁实秋感叹道："罢课曾经是赢得伟大胜利的手段，到后来成了惹人厌恶的荒唐行为。"

梁实秋对五四运动总的评价是："五四往好处一变而为新文化运动，往坏处一变而为闹风潮。"他对闹风潮的反感自不必说，即便他肯定的新文化运动引发的"求知的狂热"，梁实秋在日后回忆起时也不无微辞："因为探求新知过于热心，对于学校的正常的功课反倒轻视疏忽了。""追逐时尚，皇皇然不知其所届，这是五四以后一窝蜂的现象，表面上轰轰烈烈，如花团锦簇，实际上不能免于浅薄幼稚。"梁实秋的口气，倒好像他只是五四运动的一个观众，而并非身处其中的热血青年。

互助者王光祈

五四运动爆发时，少年中国学会的创始人王光祈已经不是个学生了（他1916年从中国大学毕业）。当青年学子在天安门前游行示威的时候，王光祈的主要工作是作为成都《川报》驻京记者，向四川民众报告巴黎和会的消息和北京五四运动的情形。四川五四运动的兴起，王光祈与有力焉。

但王光祈是五四运动后最早尝试将五四精神运用到实践中去的人之一。王光祈一直信奉克鲁泡特金式的无政府主义，1919年初，王光祈在给友人的信中，对英美的资本主义制度表示怀疑："（这些国家）造成一种世界无敌的财阀，一般平民生活于这种财阀之下，与我们生活于军阀之下同是一样痛苦。"他也不相信苏俄式的社会主义，认为"拿国家权力来干涉个人生活，实是一件不合民情的主张"。这和当时一般知识分子对英美感到失望，又对苏俄心存怀疑的心态是一致的，但王光祈有他自己的主张，他理想的社会是"在个人自由主义之下，为一种互助的、自由的、快乐的结合"（《王光祈致君左》，《少年中国学会会务报告》第四期）。

五四运动的精神成果之一，就是由于反对政府的胜利，无政府主义在知识阶层中大大流行起来；另一方面，工商农民对运动的声援，各种社会主义的传播，使"劳工神圣"的观念深入人心。这样的社会条件造成了改造社会实践活动的兴盛。宗旨为"本科学的精神，为社会的活动，以创造少年中国"的少年中国学会自是其中的先锋。

1919年7月2日，五四运动余波未息，少年中国学会南京会员左舜生就提出了成立"由少数同志组织的一种学术、事业、生活的共同集合体"的建议。王光祈立刻响应这个建议，在给左舜生的公开信提出了具体而微的设想：

> 我们先在乡下租个菜园，这个菜园距离城市不要太远，亦不要太近，大约四五里路为最宜。这个菜园不要太大，亦不要太小，只要够我们十余人种植罢了。菜园

中间建筑十余间房子，用中国式的建筑法，分楼上楼下两层。楼上作我们的书房、阅报室、办公室、会客室、藏书室、游戏室等等；楼下作我们的卧室、饭厅等等。园子西南角上建筑一个厨房。东北角上建筑一个厕所。房子后身砌上一个球场。园子周围挖下一条小溪，溪边遍植柳树，柳树旁边就是竹篱，竹篱里头就是我们的菜园了。

他还拟出了"每日课程列表"："（一）种菜两钟；（二）读书三钟；（三）翻译书籍三钟；其余钟点均作为游戏、阅报时间。"菜园附近还应该设一所平民学校。

这一年的12月4日，王光祈在北京《晨报》发表《城市中的新生活》，正式提出了"工读互助团"的名称，并征求同志："凡愿为此种生活者请先见示。"他的主张颇受时人的欢迎，文章登出后两三天内，王光祈就收到了数十封来信，一星期后，外省也陆续有人联系。募捐方面的情况也是异常地顺利，蔡元培、李大钊、陈独秀、胡适都表示支持，愿意做募捐的发起人，并各自捐款（陈独秀三十元，胡适二十元，李大钊十元）；蔡元培专门为之撰写了《工学互助团的大希望》，结果不到半月工夫，捐款已达到将近一千三百元，大大超过了计划的一千元（《北京工读互助团消息》，《新青年》第七卷三号）。工读互助团率先在北京问世。

北京《工读互助团简章》规定其宗旨是"本互助的精

神，实行半工半读"，"团员每日每人必须作工四小时"，"工作所得归团体公有"，"团员生活必需之衣食住""教育费、医药费、书籍费，由团体供给，唯书籍系归团体公有"。团员所干的工作包括开办印刷所、饭馆、洗衣店、制作手工艺品和做小宗买卖等。王光祈在1920年1月发表的《工读互助团》更强调指出："工读互助团的理想，便是：人人作工，人人读书，各尽所能，各取所需。"又说："将来办理久了，已养成了劳动互助习惯，所有简章规约皆可废止。"

"工读互助团"短期内在各地蔚为风潮，天津、武汉、南京、广州、长沙的互助团相继成立，旅法留学生也成立了类似组织。可以说，这一运动达到了周作人等不少知识分子鼓吹的"新村主义"的实践高潮。然而其兴也勃，其亡也忽，煊煊赫赫的工读互助团运动很快就走到了末路。其表面原因"一是经济上的困难"，"二是组内的思想分歧和感情不合"（施存统《"工读互助团"底实验和教训》）。实质上当然和工读互助团太浓烈的乌托邦色彩有关。然而王光祈坚持认为工读运动的失败，是因为"一小部分人不肯努力作工，经济上当然要发生危险了"，所以，"这次失败，……不是经济问题，是人的问题"。（《为什么不能实行工读互助主义》）

《新潮》与《国故》：学问是平等的吗

北大学生在"五四"前创办的三大刊物，一般同学与社会的印象，是如冯友兰所说"三个大型刊物，代表左、中、右三派。左派的刊物叫《新潮》，中派的刊物叫《国民》，右派的刊物叫《国故》"，"这些刊物都是学生自己写稿、自己编辑、自己筹款印刷、自己发行，面向全国，影响全国"。（《三松堂自序》）

大家都觉得《新潮》是"小《新青年》"，《国故》是跟两份新派杂志对着干的。用《公言报》的话说，是"顾同时与之（《新青年》）对峙者，有旧文学一派……学生中固亦分旧新两派，而各主其师说者也"。

但国故杂志社打死也不承认这一点。他们投书报社，说"要之同人组织《国故》，其宗旨在昌明国学，而以发挥新义、刮垢磨光为急务。并非抱残守缺，姝姝奉一先生之言；亦非故步自封，驳难新说"，意思是对新旧没有成见，并非一定要站在新文化的对立面。

真相如何？我们先来看看这些"学生编辑"的位势：1918年下半年两份刊物创议之时，《国故》的主力薛祥绥、张煊都是中国文学门三年级，《新潮》的干将之中，傅斯年、毛子水是中国文学门二年级，罗家伦是英国文学门二年级，顾颉刚是哲学门二年级。

也就是说，两份杂志的主要成员集中于中国文学门（1919年改中文系），《国故》编辑群资格稍老一些。在"各种分子杂居一处"的学生宿舍，主张不同者难免发生当面的摩擦。如傅斯年、顾颉刚、狄膺同住北大西斋四号，前两人是办《新潮》的同志，狄膺则"一天到晚咿咿唔唔在做中国小品文字，以斗方名士自命"，显然是旧派一路，于是傅、顾，加上罗家伦、毛子水，"群起而骂他，且当面骂他为'赤犬公'（因狄字为火及犬构成），他也无可如何"（罗家伦《蔡元培时代的北京大学和五四运动》）。

要是听听杨振声的回忆，就更可怕，简直到了势不两立的地步："大家除了唇舌相讥，笔锋相对外，上班时冤家相见，分外眼明，大有不能两立之势。甚至有的怀里还揣着小刀子。"（《回忆五四》）

就算没那么严重，个人恩怨肯定是有的。比如，傅斯年入北大之初很受刘师培、黄侃等人的赏识，可是他为人倨傲，"同他打招呼，总是若理不理；同他谈话，说不到几句，便回过头去背起书来了"，很让周围的同学吃不消。加上他从旧文学的拥护者急剧地转变为新文学的追随者，比别人都要激烈，不要说旧派师生不高兴，新派的先生都很惊奇，陈独秀去问教过傅斯年的周作人："他们可不是派来做细作的么？"——呵呵，潜伏、卧底，自古有之。

《新潮》一卷一期，日后被称为"傅大炮"的傅斯年就向着《国故》特别编辑之一马叙伦的《庄子札记》大发炮弹，认为该书是"抄录成案"的"无意识之作"。马叙伦后来有长篇答辩刊于《北京大学日刊》，除论学以外，还表示对傅斯年"别有一言相诤"，劝他"稍含廉锷"，"若乃恣情纵笔，偶成差失，已足招弹。往复相申，唐费时力"，不愉之情溢于言表。

互换广告也能见出些端倪。三大学生刊物中，《国故》与《国民》互相交换广告，《新潮》上刊登几乎所有北大出版杂志的广告，《国民》和《国故》也在其中，《国民》上也有《新潮》的广告。但《国故》月刊上却从未登载《新潮》的广告，这是否在表示一种杯葛之意？

有这些前科，当《国故》同人看到5月1日出版的《新潮》刊登的毛子水的《国故和科学的精神》一文时，难免会觉得刺眼。毛子水断定，"国故就是中国古代的学术思想和中国民族过去的历史"，"在今日世界学术上，占不了什么重要的位置"。他认为"国故"虽然也应当研究，因为国故有"特有的长处"，也有"偶有的长处"，可以了解学术史，也可以吸引古人"疏证"的治学方式，但研究者必须有"科学的精神"，而且国故"比较起现在世人所应当研究的科学起来，直是'九牛一毛'。宇宙没有限际，真理日见幽远，几段过去的历史，算得了什么东西？"对国故研究评价之低，不能不伤害到《国故》同人的自尊。

于是出版于1919年5月20日的《国故》第三期上，出现了张煊的《驳〈新潮〉〈国故和科学的精神〉篇》。张煊首先要为"国故"争一个"今日世界学术上的位置"。他认为"科学者，世界各国古代学术思想所演化之物也"，意思是国故与科学不过是可以互相转化的两面。他提出指责研究国故者"无世界眼光"，是一种"谬见"，因为只有"以国故为至高之学，谓即此已足，无事外求者"，才是"无世界眼光"。"整理国故以贡诸世界学术界"，比起只知道"抄拾欧化"的人，对世界学术的贡献要大得多。

张煊承认"输入欧洲物质文明，实亦今日当务之急"。就"国故"和"欧化"的关系，他提出了"造纸说"："譬诸造纸，将来之新文明为新纸，国故犹败布，欧化犹破纸，为造新纸故，破纸固不可弃，败布亦所当宝，败布与破纸其能改造为新纸则一也。今执破纸以示人曰：是纸也，败布者非纸，持之无益，宜速弃之。彼造纸厂之主人，且从而笑其后矣！……吾人之研究国故，非为保存败布，实欲制造新纸。收拾国故之材料者，犹之拾败布之工人；整理国故，犹之退败布各种色彩污秽之化学工作，虽非亲自造纸之人，而其有功于造纸，则与造纸工人正等。"

张煊批评毛子水的意见"偏而无当"，而毛子水在下一期《新潮》上的驳文，简直是指着对方的鼻子骂："'科学尊而礼义亡'那种说法，非特是学术的蟊贼，实在是国民道德的蟊贼！"要不是五四运动愈演愈烈，双方无心顾及，这场见解之争恐怕还会向意气骂战方向恶化。

等到10月，《新潮》的导师胡适腾出手来，才给这场争论下了几句持平的判语。胡适说，张煊其实不必将"国故"与"时势"扯到一起，硬要为研究国故找出实用性，因为"'国故学'的性质不外乎要懂得国故，这是人类求知的天性所要求的"，非要给国故安上"修齐治平"的功用，这不是"为真理而真理"的态度，同样，《新潮》也有"太偏的地方"。紧接着，胡适说出了那句有名的话：

> 学问是平等的，发明一个字的古义，与发现一颗恒星，都是一大功绩。

《新潮》与《国民》：为了"五四"手拉手

　　《新潮》与《国故》是对头，《新潮》与《国民》在"五四"前，也素不相能。至于源头，得追溯到一年前：

　　1918年5月初，东京的中国留学生为了抗议段祺瑞政府与日本签订《中日共同防敌军事协定》，举行大规模示威游行，遭到日本警察的镇压。中国学生决定罢课，两个星期后，因为罢课没有效力，于是决定全体回国。当时回国的留学生达一千多人，他们与北大等校的学生取得联络后，于1918年5月21日发起京津地区的大专学校两千多人向总统府请愿。这次请愿"十分温和"，也没有得到政府的任何回应。

　　在请愿队伍里，北京大学打头的是许德珩、段锡朋等人，傅斯年等人却自始至终表示反对。这次请愿导致了校长蔡元培的第一次辞职，为此顾颉刚把参加了请愿的罗家伦痛骂了一顿。许德珩则在回忆录里一口咬定：这次请愿失败，全是由于傅斯年等"坏学生"向当局告密的缘故。

　　这次请愿之后，学生队伍出现了分裂。一部分激进的学生不满于"北京学生死气沉沉",决定成立一个团体,出版一种刊物。团体是"学生救国会"（最初叫"学生爱国会"）,刊物是《国民》杂志。

《国民》创刊号本来计划在1918年下半年出版,但因为总务股主任鲁学淇挪用经费,出刊延期到1919年1月,跟《新潮》第一期正好撞上。

在后来的叙述中,国民杂志社和新潮社的区别只是学生中思想倾向的差异,但同属于"新思想新文化"的阵营,如《国民》主编之一黄日葵这样分辨两种刊物:"五四运动之前年,除《新青年》杂志为教授所主持者不计外,学生方面,有两种大的倾向……一种倾向是代表哲学文学一方面,另一种倾向是代表政治社会的问题方面。前者是新潮杂志社,后者是国民杂志社。"(《在中国近代思想史演进中的北大》)

这只是一方面。两社的分歧,也多含有意气的成分。新潮社比较精英化,初创时成员只有二十一名,门槛相当高:北大学生要"投稿三次经本志登载"才能入社;外校学生不但要登三篇稿,还得有二名以上社员介绍,社员一年之内不投稿,就会被"清退"。头一年就清退了三名。后来规定有所放宽,取消了投稿限制,但前前后后也不过招了四十名新社员,以北大学生为主。

《国民》杂志是学生救国会的机关刊物,理论上只要会员都可以成为杂志社成员,事实上则多半靠社员介绍,因为国民杂志社先后社员达一百八十九人,连《国故》月刊的一些学生编辑，如张煊、孟寿椿、陈钟凡也列名其中。校外的人员很多。而且学生救国会与南方的政治势力联系紧密——许德珩等曾在上海会见孙中山，据说当时名不见经传的蒋介石还向学生救国会捐了十元大洋。

为此，蔡元培不让国民杂志社的编辑部设在北京大学校内——《新潮》与《国故》则可以。而且，对于《新潮》《国故》，北大校方都有"垫款三期"的扶助之举。《国民》则是自筹资金，靠学生救国会会员每人四元"入社金"与每人每年一元（1919年底改为二元）的"常年捐"支撑杂志的运转。

《国民》与《新潮》之间，存在明显的敌意。五四运动之前，《国民》基本使用文言，这本来是社会性刊物的常态，但许德珩解释："因为我们与傅斯年合不来，他们干的事我们不干。傅斯年不赞成我们反日，就不参加学生会。《新潮》提倡写白话文，我们《国民》就偏用文言体裁发表文章。当然，这与我们的刊物是全国性的有关，因为当时社会上对于白话文还不易接受，但是也含有与《新潮》搞对立的意图。"因为要搞对立，国民杂志社的北大成员即便"在校外也是写白话文"，"一回北大就只写文言"。

五四运动改变了这种对立的局面。

《国民》与《新潮》的联合，大概首先应该归功于他们共同的指导者李大钊。李大钊的图书馆长办公室，是《新潮》同人常去的议论场所，李大钊发起的少年中国学会，成员里有许多来自国民杂志社。因此，李大钊经常担任两个社团之间的调解人。比如五四运动前，李大钊曾出面说服许德珩等人，让罗家伦、康白情、杨振声等新潮社中坚加入北京大学学生会，共同组织五四运动。

1919年3月，北京大学的学生发起成立了平民教育讲演团。这个组织的宗旨是"增进平民智识，唤起平民之觉悟心"，它囊括了新潮社和国民杂志社几乎所有的主要成员，而且往往同一个讲演小组中，既有国民杂志社的社员，也有新潮社的骨干。在五四运动中，讲演是北大学生反抗政府、争取外界支持的主要方式之一。

5月4日之后，北京大学几乎所有的活跃分子都投入到了运动当中。三四个月前还各行其是的北大学生捐弃前嫌，团结到一面旗帜之下，共同为外交危机、释放学生以及挽留蔡元培等问题呐喊奔走。

对于新潮社来说，五四运动的最大意义在于让他们参与了实际的"救国行动"。之前，他们不太相信"群德堕落，苟且之行遍于国中"的普通民众有接受新思潮新文化的能力，因而将《新潮》的预设读者定为有一定教育程度的中小学生。如今，他们试图将《新潮》上那些对旧思想旧制度猛烈的抨击带到民众中去，他们向着大街上聚拢来的市民，演说着《改良家庭》《迷信》《打破空想》这样的题目。

在五四运动冲决一切的大潮中，行动的呼声压倒了理性的思考，新潮社不得不自惭于"从前我们中国的学生，口里法螺破天，笔下天花乱坠；到了实行的时候，一个（个）缩头缩颈"，而加入向民众传播"北大精神"的队伍中。此时的"北大精神"，却从"唤起国人对于本国学术之自觉心"，变成了"以学就人之教育"，"北京大学因以平民主义之大学为标准也"（《平民教育讲演团成立启事》）。这种从"思想的启蒙"转化为"行动的启蒙"的转变，正如施瓦支指出的那样，表明新潮社的领导人"渴望超越他们自己的狭小圈子，把对启蒙的倡导充分地带入中国社会"（《中国的启蒙运动》）。

同样基于民众启蒙的渴望，国民杂志社也修改了自己的方针。由于街头演讲的特殊性，演讲者不能只讲政治问题和外交问题，也要宣讲与一般民众切身相关的话题。他们不光讲《青岛交涉失败史》《国事真不可谈吗？》，也讲《家庭制度》。《国民》与《新潮》的关注点在五四运动中渐渐靠拢、融合。

两个社团成员之间的关系，也有了明显的改善。二卷二号的《国民》上，罗家伦有一首诗《往前门车站送楚僧》，赠别即将出国的许德珩，回忆他们在五四运动时并肩战斗的情形：

> 五四以后的一夜，
> 你在门内，我在场中；
> 六三前的一夜，
> 我进门去，你在场中——

这都是昏黑的晚上

可怕的矮树，供我们藏身，

可怜的带刀人，做我们的保卫，

这是什么景况？

楚僧我们今夜相别！

1918年5月，两人一起走在游行队伍里。分道扬镳一年之后，又是一个五月，两人终于再度走到了一起。

《公言报》：新文化的老对手

"五四"时期的舆论界，对于新思潮新文化，绝少以报馆立场，公开唱反调者。究其因，一是报纸本身是"传播文明三利器"之一，当时国人心目中，"文明"与"新"是划等号的，以新反新，多少有点儿不好意思；二是北京大学的新文化阵营，在种种传闻的塑造下，已经变成政府迫害的对象，弱势群体在舆论方面总是有着天然的优势，大家也不好意思帮着政府打压学校吧？

不过《公言报》是例外，它本来就是其时执政的"安福系"机关报。

《公言报》的主笔林白水，与蔡元培是老朋友，1903年底一同创办《俄事警闻》，后来林白水会同刘师培等人创办《中国白话报》，力倡排满革命。但1916年《公言报》创立时的林白水，在政治理念上与兼容并包的蔡校长已是分道扬镳。林白水在《公言报》1918年《新年祝词》中有这样一段话："吾人托庇于国家权力之下，断未有与国家为反对者，国家权力寄于何人之手，吾人即拥护何人，以拥护其人即拥护国家也，拥护国家之目的，在拥护一我而已。若反对手握国家权力之人，不啻我与我为反对，天下断无若是愚人也。"这是摆明卒马，要为执政的段祺瑞皖系摇旗呐喊，做舆论喉舌。

蔡元培执掌北大年余，《公言报》并没有明显的敌意，反而在新闻中称陈独秀是"在野知名之士"，对于北京大学设立研究所，聘请包括胡适在内的诸教授负责，不仅详细报道，而且赞扬研究所的成立"当此文艺销沉时代，得此或亦新学界之一线曙光也"。1918年北京学生总统府请愿，要求废除《中日共同防敌军事协定》。《公言报》一面表扬"全体学生约及两千人，其秩序整齐，毫无浮动气象，此则尤令人钦敬不置者也"，一面"颇以其干政废学为可惜"，批评蔡元培等"教育当局"管理不善。

到了1919年3月18日，《公言报》在刊登林纾那篇著名的《致蔡鹤卿太史书》的同时，发表同样著名的《请看北京学界思潮变迁之近状》，已经明确表达了对新文化"旧文学一笔抹杀，而且绝对的菲弃旧道德"的强烈反对；24日，《北京学界思潮变迁现状再志》更是将矛头直接指向"大学当局"："本报对于大学出版著作，其果能于文学界思想界，力求改良进步者，诚极端赞成，至若土苴经籍，唾弃伦常，是不啻自坏国家数千年之文明，拥太学之皋比者，岂宜有此丧心病狂之举动？若其有之，其人格本不成立，亦更无派别可言。"而《公言报》的机关报身份也由此显露：他们不满足于批判与引导，而是借日本报纸之口，"切望中国当轴严行取缔"。

《公言报》对于文言白话孰优的问题，还能承认"新旧两派各有是非"，区别在于是"改良"还是"破坏"。该报最在意的，是"至中西道德根本不同，吾国数千年相承之学说，亦自有不可磨灭之理由，尝谓中国今日种种逊于西洋，而人群赖以维系，不至沦胥于败者，未始非食旧道德之利，故本报对于蔑弃伦理之谬说，尤深恶而痛绝之也"。编者的文化保守主义立场显而易见，他们非常厌恶青年学生"媚外之气质"。不仅仅是北京大学，"留美预备学堂"清华学校也在《公言报》的攻击范围内，因为该校重视英文教学，中文课钟点少且都在下午，中文教师待遇差，《公言报》对此愤怒地质问："国家糜此巨款，送其子弟入学，其所期岂在是耶？"

有意思的是，对于5月4日事件，站在同一条文化战壕里的林纾与《公言报》，态度却迥乎不同。《公言报》斥之为"学生大捣乱"，林纾却在反对学生游行的同时，指出"学生为国复仇，即出位而言，心犹可谅"——其中区别，或许在于"机关报"与"独立文人"的不同立场。

后世研究五四时期的舆论，往往对《公言报》不置一词，似乎它已经被钉在了"机关报"的耻辱柱上，用心险恶，诋毁学潮，不问可知。而"五四神话"之所以能建构并流传，与这种"一面之词"的状况大有关系。其实，听听对立面的说辞，不会对理解历史有什么妨害的。

《公言报》5月5日的社论指出："昨日北京各校学生之结合，表示民气激昂之态度，固非绝对不可，惟是对于事实宜详加调查，断不容以捕风捉影之谈，遽指政界一二要人曾当外交之冲者为卖国贼，甚至肆意殴打，焚毁住宅，姑无论事实上与外交问题毫无裨补，而扰乱社会秩序，侵害个人权利，似非服膺高等教育之莘莘学子所宜有此。吾人骤闻是种消息，凡疑法兰西史所记载恐怖时代一般乱民之暴动，及路透电所报告布尔札维克党人在俄国各地之骚扰又发见于吾华首都。"这种意见与梁漱溟《论学生事件》的观点相仿佛，也是5月4日事件到今天也存在不同评价的重要因素。梁漱溟说："试问这几年，那一件不是借着'国民意思'四个大字，不受法律的制裁，才闹到今天这个地步？"因此梁漱溟希望打人、烧屋的学生能向法庭自首、服罪。这当然是"正义在握"的学生不能接受的。

《公言报》反对学生"干政废学"，其6月16日社论题为《学界诸君可以休矣》，称"天下岂有号为学生而不上课者？又岂有以不求学而自命救国者？与日本争青岛乎？抑为蔡元培等争位置乎？……君等又以血气方刚之年，舍案头之笔砚，逐逐市廛间，执路人而告以爱国。记者愚见，吾侪市民虽知爱国，而诚不愿再有猛烈之风潮，君等何不姑先求学，学成然后拯吾民于水火中，岂不甚妙？"

对五四运动的反思，在新文化阵营中也一直在延续。蔡元培返校后，提出"学生救国，重在专研学术，不可常为救国运动而牺牲"，也是这个意思。一年之后，五四运动领袖傅斯年、罗家伦先后发表文章，检讨五四运动的成败得失。按照他们的看法，学生运动的表面成功使学生中养成了"学生万能"的观念，过分高估自己"救国"的实力，其实学生能做的不过是"三番五次的请愿，一回两回的游街"，这些活动还造成了学术的停顿，他引杨钟健的话说："一年来我们全国青年学业的牺牲，其总数不止一个青岛！"胡适晚年将五四运动称为"一场不幸的政治干扰"，更是众所周知。

中国人的思维习惯，是自我批评可以，他人批评就有问题。同样的意思，《公言报》先说出来，便是替政府张目，压制学潮。"五四"后的传单上，《公言报》已被称为"卖国贼之机关"，它的报道、评论，自然都有"阴谋"在后面。如《公言报》多次报道北京大学内部有学生对罢课、游行不满，并刊登"北京大学本预各科一千三百五十八人全启"的传单，这自然被解读为安福系收买学生的结果。然而，我们从常情推断，北京大学本是兼容并包、新旧杂陈的环境，难道没人对罢课游行的集体行动有所异议？《公言报》同样也在指责学生联合会做出罢课的决定是受研究系或国民党的收买——事实上，当时的舆论战，将各党各派、西方列强全都牵涉在内，"阴谋论"甚嚣尘上，各方彼此指控对立面收买学生、操控学潮，真相反而湮没不彰。

《顺天时报》怎样报道五四运动

面对充满着反日情绪的五四运动，日本方面是什么样的反应呢？

5月21日，日本公使小幡酉吉向中国外交部提交照会，内容主要是指责中国社会的反日言论，并再三要求中国实行言论管制："对此荒唐无稽无政府主义之主张与阻害友邦邦交、挑拨两国国民恶感之言动，不加何等之取缔，是本公使之甚所遗憾者也。"

6月16日，日本外务省向美国驻日使馆表示强烈不满——日本政府与新闻界普遍认为，是美国特务在煽动中国学生反日，"利用这场运动以扩大他们的市场"。它们还将"五四事件"归因于中国政治家们野心的冲突，归因于布尔什维克的宣传，用美国驻日大使莫里斯的话来说，归因于"除日本侵略外的一切"。（周策纵《五四运动史》）

这种指控源自中国传来的谣言。正如后来杜威一再强调的，这种指控毫无根据，"这样一场浩瀚的运动绝非几个外国侨民或外交人员所煽动的"。但日本显然"愿意"相信这场运动与它在"一战"之后的主要假想敌之间，有着密切的联系。

在中国，日本也发动了对五四运动表同情态度的众多媒体的舆论战，承担这一任务的，便是被鲁迅评为"日本人学了中国人口气说话"的《顺天时报》。

《顺天时报》是日本外务省的中文机关报，自然"诸事为日本说话"（周作人），它对5月4日事件的定性是"骚乱"，并且连日刊登新闻或评论，攻击学生运动后的"暗幕"："此次学生借争青岛问题演出是等风潮，其内幕为野心政客及亲某派所怂恿，并闻此派阴谋家非但利用青年学子以困政府，且有勾连军队及劝诱商人罢市为学生之后援。"代表日本政府及主流舆论观点的《顺天时报》，在构建自己的一套"五四叙事"，其基调是将学生运动与国际利益争夺、国内政治争斗相勾连，将运动的动机阴谋化。

《顺天时报》的假想敌之一，便是有美国背景的《益世报》。5月23日，《益世报》因发表山东第五师支持学运的集体通电，被京师警察厅查封。《顺天时报》对此几乎是拍手称快，于6月4日发表一封"读者来信"。作者自称"五四"之后，曾两度投书《益世报》，主要和平化解："均被弃之不载，而激昂之件无日不登，并加沉痛评赞，想该报之宗旨，专采挑衅者为有价值耶？抑以稳当者为媚外耶？"

自然少不了攻击美国人"收买学生"。6月7日报道《学生有发财者》："昨日有北京某大学预科学生某甲年十六岁持现洋二百元示人，询其钱何由而来，则答云系某国公使馆所给，有分得五十元者，有分得百元及数百元不等云云。"

攻击之外，还有大量的自我辩护。6月1日，《顺天时报》刊登于头版的"论说"题为《留东学生与日本人》，称"中国学生在东京留学受许多之利益，乃留学生反有排斥日本之风气，可谓极不自然之现象，此果何故耶？"把留学生回国发起的反日运动归因为"彼等对于东京生活之不满足"，因为经济条件所限，日子过得不好，就怨恨日本。

《顺天时报》根本不承认日本对中国的领土、主权有任何非分之想。6月10日，《顺天时报》刊出《日人论调二种》，声称关于山东问题，日本国民有两种意见："第一种曰山东问题宜全行抛弃日本之主张，望专管居留地固无其必要，即铁道矿山之权利，亦无须获得"；另一种则主张"条约上之权利固不可不保持之，然中国人既扶持疑念，则声明交还之外，于交还之时仍不可提出不当之条件"。"编者按语"强调"此等议论实与日本政府所执方针一致，且为日人多数之意见，即可视为日本之舆论也"。

《顺天时报》也不承认以它为代表的日本报纸对中国有何敌意："中国人先怀成见，对于日人所有之言论，均以为欺罔中国，祸害中国，诚为大不可也。"面对中国舆论界的猜忌与反感，它强调报纸作为言论机构的公共性："须知执笔于日本第一流之新闻者，在思想界多为先觉之士，莫不有指导国人思想之抱负，故关于对华关系之持论，多为进步的，较诸一种记者徒以离间他国之国交，或紊乱他国之秩序为目的者，实不可等量齐观也。"

在《顺天时报》的"五四叙事"中，充斥了大量的或正面抹黑，或旁敲侧击的负面新闻报道。如《学生不思择术》，说学生抵制日货，叫卖国货，"不料所售之货既难销卖，而该学生每到一处，则有多人围观，以致阻碍交通路线，巡警虽不直接干涉学生卖货，然对于妨碍交通之群众则驱之不遗余力，各学生叫卖终日竟无购者"；又如《妓女大出风头》，报道妓女林亚西在城南公园发表演说，违反政府禁止演说的规定，被警方剥夺其游园权；还有《得病不吃药》，报道前门外某药铺，因为价高质次，生意不如"新开药铺"，但东家们不思"急速改良，挽回利权"，反而怨恨人家夺了自家利益，这令记者"忽然想起中国人民排日的风潮，自己不知努力图强，乃抱怨人家不对"。

在这些负面新闻中，最多的还是学生运动尤其是北京大学"内哄"的报道，以证明"阴谋论"的正确。如6月9日，该报报道称北京发现了"惑乱人心传单"，从新世界楼顶"约有数百张，飘然飞舞而下"，传单内容是代表北京市民要求处决卖国贼云云——这自然便是陈独秀身穿白西装散发，并导致陈被捕入狱的那叠传单。

与这条新闻同日刊出的，是"京师警察厅启事"，称接到"北京大学全体学生邮函"，指责传单内容"全属义和团之谬见，学生等深受教育，岂有作荒诞思想之理？"这种传单"为奸人暗布，别含用意，或为宵小造谣，以利私谋"。

《顺天时报》于6月13日制作了名为"关于学潮之四方八面"的专题版面，主要内容是以部分北京大学的毕业生、在校生的名义，向政府交递的反对学潮的呈文。如北大毕业生"郑滋蕃缪承金杨绪昌周蔚生成林等三百四十九人"的呈文里说，"北京大学自蔡子民先生长校以后，新旧文学党派分歧，在蔡校长并取兼容，原期并行不悖，而邪说传授，祸基已伏"，因此酿成风潮，"滋蕃等先后毕业北京大学，关怀母校，义不容辞"，要求政府尽快平息风潮。

而"北京大学学生任玉枢郭士恂王显模等八百五十六人"，以在校生身份指证"藉端煽惑恣意肆行少数专权托名全体，此固学子恒情，而敝校尤甚"，在他们的叙述中，"自蔡校长辞职远适故乡，罢课挽留，已非众意，积日经旬，倍形纷扰，坐荒学业，虚掷光阴，或届期满欲试不能，或被强从欲归不得，横行独断莫可如何……"

《顺天时报》还报道学界的"内哄"越来越厉害，"自二次讲演之后，各学校学生因避风潮出京回籍者，竟达十分之四"。

这些负面的报道与评论，真伪是非，大可考究。站在"进步"的叙事立场，往往会将这些斥为"无聊的造谣"而不予理会。1919年9月出版的《五四》一书，由北大学生蔡晓舟、杨量工编辑。内中第四章"舆论"，收各方文字甚伙，但比较缺乏的，一是执政的皖系言论机关的评述，一是日本方面的舆论，总之，"反派"的意见处于缺席的状态。

但是，缺席者也可以是"缺席的在场"，《五四》的编者，并非不知道或不关注反方的观点，他们只是通过选取与之针锋相对的舆论，构成一种隐性的批判。譬如，这一章中选载《日本帝国大学教授吉野博士之论文》，并注明"中日各报多载之者"，便可以视作对日本主流舆论的某种回应。

这位"吉野博士"名叫吉野作造，是日本"晨社"的领导人之一。他的观察是从"文明""进步"为着眼点，除去遗憾于"彼等之手段，颇极狂暴，而未尽文明"，吉野对五四运动基本抱持同情态度。他赞颂"北京大学学生之开发，至于如此其速，颇与日本之开明思想由民间而渐入官立大学者，有相比类之处"。因为"官立大学"，一向被认为是保守官僚的养成所，而"开明的自由思想"，向来在中国南方盛行，"今以官立大学之学生，于中央政府所在地，而鼓吹自由思想，极热烈极彻底"，这与日本十年前的状况很相似，作者为此感到"吾人不得不为东洋文化发达贺也"。

有意思的是，1919年5月之前，《顺天时报》持与吉野相似的文化立场，对北京大学的新思潮新文化，一直持正面肯定的态度。如称赞蔡元培长校以来，北京大学"形式上精神上大有可观"，陈独秀则"中西学问均优，办有某英文杂志，其生平著述颇富"。在以林纾为对象的"新旧思潮论战"中，《顺天时报》也是旗帜鲜明地站在新文化一边，指出"关于思想问题，常分为旧型保存论者与破坏论者两派，而保存论者往往借政府之权力或社会的威力，以图压抑破坏论者。然权力的压抑往往失败，或足召社会之紊乱"，希望"有权者及为政者最宜注意"，并称赞新思潮是"社会内省的苦闷之声，其或将见社会的向上之曙光欤"——基于《顺天时报》的这种立场，《每周评论》在汇集各报舆论时，收入该报的四篇文字，无不是一副对新思潮乐观其成的姿态。

不过，5月4日事件之后，《顺天时报》对北京大学那些新派教授、学生的观感，就发生了一百八十度的转向。它不仅发表评论，指控蔡元培应当对此次事件负责，其辞职是"堪嘉赏"的行为，而且还刊登了《北大学生揭破教员阴谋传单》，称"乃竟有提倡新文学之胡某利用时机，窃窃要职，假全体教员名义，以遂彼辈阴谋，前日教员会议，胡某竟公然鼓吹谓非学校革命不可，闻者多笑其谬妄，而彼等仍不敛迹，更授三五学生以方略"。政治需要改变了文化立场，《顺天时报》并不是"五四"中的孤例。

北京的小报怎样报道五四运动

"小报"区别于"大报",在于几乎是完全的市民立场。市民想看什么,给你什么。

"五四"时期北京的"小报",今已存世无多。我看过三种:《群强报》《民福报》《民治日报》。它们对五四运动,是啥态度?

《群强报》是北京最具代表性的"小报"。它以刊登戏院剧目、社会新闻著称,主要读者是"跟班、门房、车夫"这类贩夫走卒。这张报纸的新闻数量很少,主要是从大报上转载摘抄。值得注意的是,《群强报》保持每天刊登一篇白话的"演说",大多是读者来稿,可以视为对清末《京话日报》下层社会启蒙传统的延续。

《群强报》对五四运动之前的新文化,完全是井水不犯河水的态度(与新文化阵营对下层社会的漠视恰成对比)。对于"五四事件",《群强报》白话报道的标题,既非《晨报》《民国日报》表示赞同的"北京学生爱国运动",也非《顺天时报》《公言报》公然反对的"学生大骚动""大捣乱",而是近于市民立场的"学生闹事"。内容则基本是《晨报》报道的白话译文。

5月8日,《群强报》打破常规,在"演说"栏发表了著名报人刘少少用文言撰写的《呜呼大学生》。刘少少的文章对学生运动持同情立场:"然则此一群可怜之学生团,其目的果使在乎?吾为揣度之,殆一则为山东问题所激刺,一则为朝鲜近状所痛警,一言以蔽之曰:唯以不忍亡国为共同之目的而已。呜呼,此一群可怜之学生不忍亡国,吾国家岂遽忍亡此一群可怜之学生乎?呜呼,吾人无力,是可悲矣!"

刘少少此文在他处未见,无法判定是约稿、投稿或转载。可以大致肯定的是,面对如此重大的政治事件,《群强报》的编者和读者都没有能力用"京话"对之进行整体性的描述和评判,不得不借助名记者的手笔和文言文的表达,作者立场也从市民身份变为知识分子口吻。

然而,到了5月16日的白话"演说"《请问抵制日货当从何物入手》,《群强报》又回归了市民的立场,对"抵制日货"的可行性提出怀疑:

家家日用必需,就说东洋货已在四五成,西洋货未必准有二成,以报馆说,用的纸张、油墨、机器、铅字,请问是中国自造的吗?学界中用的教育品物,请问是由那一国来的最多?甚至现在夏令戴的草帽,内外帽圈，帽顶帽里，好像也不是本国的，其次至微的一宗火柴，丹凤的已然充斥北京，比如说，硬不用这宗火柴，该当用那一样的更好呢？若教我买火茸子火口火镰，那岂不是个笑话吗？以此一物类准，不知有何物可以能抵，何物可以能制，这才说的到抵制二字。（杨曼青《请问抵制日货当从何物入手》,《益世报》, 1919 年 5 月 16 日）

《群强报》是纯粹的市民立场，它对爱国学生运动抱有谨慎的同情，并没有《京话日报》大力呼吁市民爱国的热忱。《群强报》代表市民对于"抵制日货"的怀疑，正代表了许多北京市民对学生运动的隔岸观火。而《群强报》一贯使用的"白话"，也并未随着五四运动的推进，与新文化阵营提倡的"白话"合流，仍然保持晚清以"京话"沟通下层社会的轨迹。

《民福报》在五四运动前的新旧论争中，明显是支持新文化的。5 月 1 日，该报一版登载大幅广告"请看新思想新文学的每周评论！"同日七版副刊增设了"新思潮"专栏，介绍西方学术与学界动向。5 月 2 日有宪公撰写的社论《为山东问题痛告国人》，5 月 3 日又有"时评"《国民自决》，可以见出该报的反政府立场。

然而，"五四事件"之后，《民福报》的态度转向中立。5 月 5 日的时评题目为《何以善其后》，对"五四事件"的妥善解决表示怀疑，5月6日该报刊登《舆论界之意向》一文，称"昨日京中新闻纪载其事，虽无大出入，而选词立意如晨钟、国民公（属外交协会派）多重情感而略法理，公言、英文京报则徒说法律而不详其他，其如法美外报与日文报更各是其是，言论极不一致"，对此编者表示"不敢为之下决绝之判断也"。据当时的北大法学院学生陶希圣回忆，"五四事件"后，北大法学院某教授的表态亦是"法无可恕，情有可原"，与《民福报》等中立报纸的立场相似。（《潮流与点滴》）

随着五四运动的发展，《民福报》渐渐站在学生群体的对立面，先是提出"阴谋派之煽惑未已愿国人有以悟其奸"（《学生风潮之索隐》，《民福报》，1919年5月9日），继而于5月12、13日连续刊出《学生风潮……政治黑幕》，直指学生运动是由政客指使，"含有政治意味之党略"。5月25日，《民福报》的"时评"更抨击学生运动为"近京内外学界，因抵制日货，致击伤外人，拆毁商店者，时有所闻，极其力量之所能及，作孤注之一掷，不复念及酿成国际交涉者，此庚子义和团所优为"（烛照《爱国非虚矫可以塞责》）。《民福报》偏于政党报纸，对学生运动的态度，可能受政治背景与政党利益的影响，然而比照此前该报对新文化的支持，恰可以证明"支持新文化者，未必支持学生运动"，反之亦然。

支持新文化最力的媒体之一，当数《民治日报》。该报在五四运动前，曾有报道指出"今日新旧之争点，最大者为孔教与文学问题"。在新旧论争中,《民治日报》显然站在新文化一边,不但多次刊登《每周评论》《新青年》《国民杂志》的广告,而且自5月1日起副刊连载舍我(成舍我)的白话小说《上海》。

"五四事件"发生后,《民治日报》虽然没有直接发表对学生运动的意见,却于5月6日发表了李大钊的《大亚细亚主义与新亚细亚主义》,算是间接做出了回应。5月8日至15日,《民治日报》中断了《上海》的连载,转而刊登胡适的《终身大事》。其后,该报又多次转载《每周评论》《国民杂志》的言论。

不过,《民治日报》是一份比较"低等"的报纸,刊载的新闻也和《群强报》一样,大多出于转载。对于五四运动,《民治日报》虽可以看出有明显的同情,但始终缺乏鲜明支持的立场——这一点,与当时北京的政治环境也有莫大关系。

但在支持新文化方面,《民治日报》却毫不含糊。5月30日,该报刊出一则"启事",征求"完全白话"的社会新闻:

> 本报为扩充篇幅、改良内容起见,现特辟北京社会一栏,专蒐北京各种社会新闻,一面代各种社会陈情,一面为各种社会写照,凡关于北京教育实业劳动慈善宗教军医伶妓,以及其他各种社会新闻投稿,本社一律欢

迎。但体裁须完全白话。

　　结合前后的语境，这里的"白话"，当然不是《群强报》或《顺天时报》沿用自清末的"京话"，而是新文化阵营特别强调的"白话"。这是笔者视野所及，北京舆论界唯一一次将"新文化"向下层社会散播的努力，但并未构成潮流。

救国十人团像雪球一样越滚越大

5月7日,赵家楼事件的第三天,北京市面上到处散发着一张油印传单。传单的末尾附着三条要求:(一)看后送人,一传十,十传百,百传千,千传万;(二)能翻印遍送更好;(三)请报馆多多登载。

仿佛是响应这种号召,《京报》于5月8日,北京《益世报》于5月9日分别登载了传单内容,这份传单又出现在天津《益世报》的版面上,《益世报》编者称传单内容"颇简单易行,特为转录"。

这份传单主张些什么?第一段为读者描述了一幅惨景:"国要亡了,仇人的军队警察就要来了,他们数十万数百万男男女女老老少少的人民都欢天喜地的到我们国里来住家享福了。我们的房屋任他住,我们生人死人养猫养狗都要向他纳税,我们切菜裁纸都不能用刀,我们的姊妹妻女任他非礼,我们商店的货物任他取用,我们拉人力车的苦同胞就是跑着吐血也不想他的一个铜钱,奴隶,牛马,鱼肉,打杀病死。"你以为这些都是臆想吗？传单上说，睁开眼睛往鸭绿江那边望一望就明白了，"这一道黑漆漆万劫不复的地狱门，就在眼前了！"

非救国不可，但国怎么救？传单的作者感于"国民从前对于外交发生激愤的时候，因为没有精密组织的团体，没有脚踏实地的办法，所以不久就消灭了"，于是提出了"救国十人团"的方法，具体是这样的：

每位国民寻找十个熟人（亲戚、朋友、同学、同事……）组成十人团，推选一名代表。每人印一张名片，背面刊登九位团友姓名。团员责任分消极、积极两种。消极责任是"提倡国货，宁死不买仇人的货物"，有钱存在仇人银行的话，立即提出来，并不使用该银行纸币；积极责任是"提倡储蓄以为培养国力的基础"，团友每人每月须储蓄国币两角以上，积至一元，即送至非仇人的银行储蓄，条件成熟（十人团达十万团以上）便举行救国团代表大会，组织国民储蓄银行，组织国民实业总公司，以所有储蓄金作为股金。

这个方法的优点，确乎是简单易行，只需联络十位熟人，不买仇货，每月存两角钱即可。至于国民储蓄银行、国民实业总公司，那只是一种远景规划。虽然有些条款不免有群众暴力色彩，如"十人互相监督以人格或生命为担保（一人背约九人得自由处分之）"。从组织上说，正如天津十人团运动领袖分析的那样："十人团之用意有二，团体小则纷争少，有精神则易办事，此其一也；政府压力甚大，动加干涉，故集会结社颇觉不便，惟十人之会议随时随地皆可举行。"

这个方案的首倡者，据北京学生联合会讲演部负责人张国焘说，是北京大学事务主任李辛白。李辛白平日在校发言较少，注重实行。此次据说是李辛白个人出资刊印十人团章程，委托同学散发。

十人团重视储蓄，也与北京学界的风气有关。当时各校都很注重学生储蓄，因为可以培养节俭的美德，以及积少成多地运用资财的习惯。北大的学生储蓄银行办得相当红火，借贷模式也已成型。5月10日《北京大学日刊》登载学生储蓄银行通告，声明因暑期迫近，"保证放款一律停止，抵押放款仍可照旧办理"，另一方面，银行股东（主要是教师与学生）可以携带图章来领取红利。而在当时的"留美预备学堂"清华，学生储蓄甚至是一种校方强迫的行为。（梁实秋《清华八年》）

至于发往北京以外，学生救国会是一途，报刊转载是一途，连蔡元培在出京前夕也友情客串，向外地访客推荐"可以试试看"。在这紧风密云的非常时期，星星之火，足以燎原。

最敏感的总是对手。日本公使小幡酉吉于5月8日向日本外务省发出的报告，已经提及十人团"狂暴的言论"，并称"结果是7日、8日以来本地的正金银行支店发生每天挤兑二万余元的情况"。

正如"五四"时期的大多数运动一样，救国十人团的发源地在北京，最成气候却是在上海。上海人，尤其是商界的参与，加速了这一运动的完善，在出现了校役十人团、车夫十人团、伶界十人团、妓女十人团之后，"中华救国十人团联合会"宣告成立。到6月初，在联合会进行登记的十人团已达一千三百多个。

这时，运动出现了方式的分歧。有十人团发出了致著名的两家百货公司先施、永安的公开信，指责它们一面提倡国货，一面大卖日货，言行不一，希望两公司"以若干日为限，清理日货"，言辞虽不算激烈，在联合会的主事者看来，已经超越了"劝导"的范围——他们只同意团友之间的互相监督，对未参加十人团的各界人士，"除婉言劝导外，决不以信件相恫吓或武力相迫胁"。后世研究者分析，大概因为联合会的主事者大抵都是商人，更多从经营者的立场出发，不支持强迫地抵货。

运动像滚雪球一样扩大开去。天津、济南、宁波、长沙……各地都成立了少则一二百、多则四五百的十人团。而团友的责任，也在扩大的过程中发生变化：银行与公司股份的筹措，因为远景渺茫，很少有人提起；每月存两角银洋，对于济南、长沙等内地的下层民众与穷苦学生来说，也是不小的压力。于是各地因地制宜地修改章程，减少存款数（济南要求两天存一个铜圆），对于那些找不足十个人成团的参与者，天津允许他们先成立"独立团"，再在运动中结合成十人团。

后期十人团运动的中心聚焦在"抵制日货"上。虽然拥有这一明确的目标，在当时的经济形势下，普通民众很难做到上海联合会所期望的那样，"静默持久"地支持国货。有意思的是，在所有公开的传单或章程上，都没有"日本"或"日货"的字眼，而改用"仇货""某国"代替，显然，政治的压力也如影附形。

1919年底，这种带有无政府主义色彩的抵制/独立运动，在变幻与回缩中前行："工读互助团"将参与者限制在更自律更激进的学生身上，而上海滩头新出现的小型工会组织，与众多社会教育团体，也许可以看做十人团运动的不同变体。

五四运动一百年了，青年崇拜变了吗

　　1939年，陕甘宁边区西北青年救国联合会提议把每年5月4日定为青年节，国民政府默认了这个提议，各地纷纷举行青年节纪念。但是1942年国民政府又宣布：5月4日并非青年节，甚至连纪念日都不是。1944年，中国全国文艺界抗敌协会提出建议，将5月4日改为"文艺节"，国民政府则宣布黄花岗烈士殉难的3月29日成为青年节。

　　1944年的5月4日从"青年节"变动为"文艺节"，在知识界影响甚大，这个举动被认为是"政府不要五四运动了"，而闻一多说得更严重："联大风气开始改变，应该从三十三年算起，那一年政府改三月二十九日为青年节（一说是1943年——引注），引起了教授和同学们一致的愤慨。"（《八年的回忆与感想》）

　　1949年中华人民共和国成立后，重新确认了5月4日为"青年节"。而在台湾地区，5月4日一直被当作"文艺节"纪念。一个日子，两种纪念，背后除了政治角力与意识形态分歧，"青年"与"文艺"，也象征着对五四运动的不同视角。比如胡适认为1919年5月4日开始的街头运动，对于肇始于1917（或云1915）年的新文化运动只是"一场不幸的政治干扰"，这就是将"文化"放在"青年"之上。

"五四"时期的"青年崇拜"

然而，新文化运动的内涵里，"青年"同样是一个关键词。1915年9月，陈独秀将自己独力创办的传播新知、呼吁改革的杂志取名为《青年杂志》，这时陈独秀三十六岁，在当时的概念里已入中年，这份刊物当然不是针对他的同龄人，而是试图让他和他的同道者不为社会认知和接受的新思想，在青年中传扬和光大。在《青年杂志》的发刊词《敬告青年》中，陈独秀俨然把社会对待青年的态度抬到了民族性的高度："窃以少年老成，中国称人之语也；年长而勿衰，英美人相勖之辞也，此亦东西民族涉想不同，现象趋异之一端欤？"由是他推论出除旧布新的使命必须由青年担任：

青年之于社会，犹新鲜活泼细胞之在人身。新陈代谢，陈腐朽败者无时不在天然淘汰之途，与新鲜活泼者以空间之位置及时间之生命。人身遵新陈代谢之道则健康，陈腐朽败之细胞充塞人身则人身死；社会遵新陈代谢之道则隆盛，陈腐朽败之分子充塞社会则社会亡。

他几乎是用尽了全副的热情在向理想中的"青年"呼吁："予所欲涕泣陈词者，惟属望于新鲜活泼之青年，有以自觉而奋斗耳！自觉者何？自觉其新鲜活泼之价值与责任，而自视不可卑也。"

李大钊在发表于1916年《新青年》二卷一号的《青春》一文中，明确地将自己一代人和未来的"新青年"之间，划分了一道绝对的界限：

> 吾人当于今岁之青春，画为中点……中以前之历史，白首之历史，陈死人之历史也。中以后之历史，青春之历史，活青年之历史也。青年乎！其以中立不倚之精神，肩兹砥柱中流之责任，即由今年今春之今日今刹那为时中之起点，取世界一切白首之历史，一火而摧焚之，而专以发挥青春中华之中，缀其一生之美于中以后历史之首页，为其职志，而勿逡巡不前。

虽然他也承认"白首中华者，青春中华本以胚孕之实也；青春中华者，白首中华托以再生之华也"，但终归以前是"废落"，以后便是"开敷"，这种以时间先后一刀切区分先进与否的想象，实在不够"赛先生"，但在"五四"时期，以"青年／老年"来对应"新／旧""优／劣"的想象，已经成为一代人的共识，正如施瓦支描述的那样："在中国的这方面，年龄被设想为所有智慧的源泉，选拔年轻人作为社会创造力最宝贵的后备，实际是把传统压在他们肩上。"(《中国的启蒙运动——知识分子与五四遗产》)

陈平原教授曾反复说，他谈"五四"，是从晚清谈起，"甚至平视晚清与五四，将二者'混为一谈'"(《"新文化"如何"运动"：关于"两代人"的合力》。从晚清到"五四"，如果不是刻意遮蔽，思想的延续性显而易见。同样，"五四"对青年的想象，可以追溯到晚清一代的知识分子，其根基当为晚清引入的进化论思想，可以概括为严复的表述"世道必进，后胜于今"(《天演论·译序》)，这种自工业革命以来建构的对未来的自信，从西而东，在第一次世界大战之前，在日渐全球化的"常识"中占据了统治地位。

具体到中国语境里，即是对"新民"的渴求。如梁启超认为"新民为今日中国第一急务"："然则苟有新民，何患无新制度，无新政府，无新国家！"(《新民说》)在脍炙人口的《少年中国说》里，梁启超进一步将"国之老少"与"人之老少"相比较：

> 老年人常思既往，少年人常思将来。
>
> 惟思既往也，故生留恋心；
>
> 惟思将来也，故生希望心；
>
> 惟留恋也，故保守；

惟希望也，故进取；

惟保守也，故永旧；

惟进取也，故日新。

惟思既往也，事事皆其所已经者，故惟知照例；

惟思将来也，事事皆其所未经者，故常敢破格。

老年人常多忧虑，少年人常好行乐。

惟多忧也，故灰心；

惟行乐也，故盛气；

惟灰心也，故怯懦；

惟盛气也，故豪壮；

惟怯懦也，故苟且；

惟豪壮也，故冒险；

惟苟且也，故能灭世界；

惟冒险也，故能造世界。

老年人常厌事，少年人常喜事。

惟厌事也，故常觉一切事无可为者；

惟好事也，故常觉一切事无不可为者。

梁启超将想象中"少年"的一切特征都看作是正面的，自然年龄的差异，也同样赋予了不同的价值意义，这种对"少年"的无条件肯定，开启了近代以来"青年崇拜"的先河。虽然梁启超的"新民"定义中也包括了"淬厉其所本有而新之"，但是他显然认为靠"老年"是无法完成这一使命的，必须依靠"中国少年"来创造一个"少年中国"。

"五四"时期的"先生一代"，不管是陈独秀李大钊鲁迅，还是胡适刘半农钱玄同，几乎都是读着《新民丛报》和《天演论》长大，自然深受这种青年观的影响。他们也曾经试图成为梁启超所说的"中国少年"，但历史好像没有给他们这个机会。"无量头颅无量血，可怜购得假共和"，民元以后，先生们目睹时局的"换汤不换药"，对自己一代人大为失望，自然而然萌发出所谓"中间物"意识，认为己辈积习过深，只能自觉地扮演一个"呐喊者"的角色，而将改造社会的希望寄托在"新青年"身上，冀图唤起"青年"来捣毁这"铁屋子"，因为只有青年才能"利刃断铁，快刀理麻，决不作牵就依违之想"。他们的自我期许，正如鲁迅所说：

> 论到解放子女，本是极平常的事，当然不必有什么讨论。但中国的老年，中了旧习惯旧思想的毒太深了，决定悟不过来。譬如早晨听到乌鸦叫，少年毫不介意，迷信的老人，却总须颓唐半天。虽然很可怜，然而也无法可救。没有法，便只能先从觉醒的人开手，各自解放了自己的孩子。自己背着因袭的重担，肩住了黑暗的闸门，放他们到宽阔光明的地方去；此后幸福的度日，合理的做人。（《我们现在怎样做父亲》）

寻找"新青年"

　　1916年，《青年杂志》更名为《新青年》，直接原因固然是上海基督教青年会认为《青年杂志》与该会办的《上海青年》重名，提出了强烈抗议。另一方面，"青年"前面加上了形容词"新"，也可以解读为新文化运动对"青年"做出了"新/旧"的区分："青年其年龄，而老年其身体者十之五焉；青年其年龄或身体，而老年其脑神经者十之九焉。"精神之新旧，才是决定"青年"是否代表未来的关键。基于此，陈独秀认为：要救中国社会之必亡，"是在一二敏于自觉、勇于奋斗之青年，发挥人间固有之智能，决择人间种种之思想"，所以他向"以此自任"的青年提出六点要求：（一）自主的而非奴隶的；（二）进步的而非保守的；（三）进取的而非退隐的；（四）世界的而非锁国的；（五）实利的而非虚文的；（六）科学的而非想象的。（《敬告青年》）在这里，"青年崇拜"又转化或细化成了"新青年崇拜"，中国亡或不亡，在新文化叙事中，关键在于能不能找到"新青年"。

　　对"新青年"的寻找，在五四运动前夕达到了高潮。北京大学学生中涌现出的新人物和新气象，让新文化的传播者们感到意外的惊喜，黄侃的得意弟子傅斯年，突然改宗新文化，连最激进的陈独秀都"不自信有这样的法力"，还问周作人，这些学生是不是来当卧底的。（《知堂回想录》）

正是因为"先生一代"本身就是分裂与矛盾的，"学生一代"自然也就分成立场迥异的派别。青年学生中新文化这一派，公开的言论主张，其激烈程度远远胜过老师们，对旧派阵营的批判也更加地不留情面，也就更容易引起社会的注意。比如新潮社的创立动机之一，就是对领风气之先的《新青年》里的部分文章不甚满意，"当时大家便说：若是我们也来办一个杂志，一定可以和《新青年》抗衡"（罗家伦《蔡元培时代的北京大学与五四运动》）。此前《新青年》已经出了五卷，社会上反响虽然也很大，却还没有遭到政治势力的打压，可是《新潮》一卷一号出来，就惹出了偌大的风波，议员张元奇拿着《新潮》和《新青年》去见大总统徐世昌，要求取缔这两份刊物。

当时的"青年"可不仅仅只有新潮社的"新青年"们，在新文化运动的中心北京大学，就既有许德珩、段锡朋代表的国民杂志社，更加关心政治与介入社会，在"五四"街头运动中，比新潮社还要激进，但在文化思想方面，《国民》有很强的调和新旧的倾向。这一点，或许比提倡旧学研究国粹的《国故》月刊社，更令新文化阵营感到争夺话语权的威胁。正像汪叔潜在1915年《青年杂志》的文章《新旧问题》批评的那样："一方面提倡维新，一方面又调护守旧，所谓折衷派是也。此派言论，对于认理不真之国民，最易投合，且彼自身处于不负责任之地位，而能周旋于二者之间，因以为利，彼之自处可谓巧矣，故养成此不新不旧之现象者，尤以此派为最有力。"

反过来，国民杂志社对《新潮》也没什么好感，其中原因，两社成员的主张抵牾固然是主要因素，以蔡元培、陈独秀为代表的北大校方，对两家杂志社区别对待，也是导火索之一（新潮社的经费与编辑部房屋都由北大校方提供，而国民杂志社甚至不被允许在校内设立编辑部）。虽然在现实生活中，或许不至于像杨晦回忆录所言，双方学生会带着小刀子去上课，但许德珩回忆录中说，本来《国民》亦提倡新文化，成员们在公共报刊上也写白话文，但因为《新潮》全用白话文，《国民》为了别苗头，就坚持用文言文写作，这样的故意对立，完全有可能发生。5月4日学生游行的宣言有两份，白话文起草者，新潮社罗家伦；文言文起草者，国民社许德珩，或许也是这种刻意对立的余绪。

还有，以匡互生、罗章龙等人为代表的无政府主义群体，一心想着刺杀曹汝霖，在五四运动之前，就到照相馆去认清曹、章、陆的长相，打听赵家楼的地址，还准备好了火柴与煤油，也是五四运动会呈现后来面貌的重要推手。青年中不同群体的差异性，正是五四运动复杂面相的清晰体现，在后来的主线叙事中，将"青年"进行简化与整体的想象，当然难于还原五四运动的全貌。

即使是"五四"主流叙事中最肯定的"新青年"们，当日的激进主张，跟《新青年》的"双簧信"，《每周评论》的"《荆生》《妖梦》批判"一样，都带有其策略性，不能完全当真。比如，新潮社的张申府在1918年给胡适的信中，就表达了对《新青年》一部分成员的不满："《新青年》第四号中，独秀、玄同都把本西学讲中学的奚落了几句，崧年弱，闻声而避，直不敢谈此事矣。……特西学虽进，未尝废旧闻，彼以毁谤古书为事者，也望他回省回省才好。"新潮社的青年人，居然反对陈独秀钱玄同"毁谤古书"？你能相信么？

新潮社主将之一罗家伦后来在回顾《新潮》的出版时，也提到："当然我们也很勇敢地批评旧文学，旧观念，旧社会制度不合理的地方，而介绍若干近代文化中可以观摩和采取的部分，但是我们从未主张全部放弃固有的文化，因为这是不可能的事。"另一位主将傅斯年也承认《新潮》"要说便说，说得太快了，于是乎容易错"，"观察研究不能仔细，判断不能平心静气"。(《新潮之回顾与前瞻》)这种态度和当初《新潮》上公开发表的文章的姿态，相去何其太远！即使考虑到后来思想转变的因素，也足以让人怀疑当初《新潮》的激进，究竟更多的是"主义"还是"策略"？

显然，"先生一代"普遍对青年学生激进姿态中的策略性成分缺乏心理准备。五四运动的大潮过去后，青年学生出国的出国，毕业的毕业，与先生们"五四"后的争论和分裂不同，学生的结果是一种"流散"。而当他们以个人的身份参与社会运作时，所持的姿态与作为学生群体发言时大不相同。这种"无声的消失"让曾经自许要"肩住黑暗的闸门，放他们到光明的地方去"的先生们非常失望。同是鲁迅，站出来对一代知识分子的进化论思路进行了否定：

> 我一向是相信进化论的，总以为将来必胜于过去，青年必胜于老人，对于青年，我敬重之不暇，往往给我十刀，我只还他一箭。然而后来我明白我倒是错了。这并非唯物史观的理论或革命文艺的作品蛊惑我的，我在广东，就目睹了同是青年，而分成两大阵营，或则投书告密，或则助官捕人的事实！我的思路因此轰毁，后来便时常用了怀疑的眼光去看青年，不再无条件的敬畏了。(《三闲集·序》)

大学，有大师之谓也

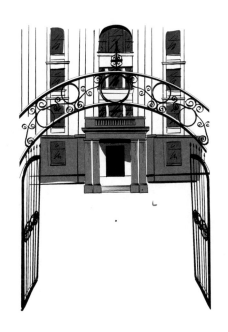

科举，不选学士选人才

科举是多年来不断挨骂的一个东西。说它羁縻英雄，说它愚弄才人，说它"销磨意气"，说它"沉沦士风"。在科举废除之前，说它好话的，我没见着一个。

庚子事变后，两宫还京，被洋人刺激得有点抓狂的西太后终于决心改良，再加上一个不是正途出身的袁世凯撺掇，实行了两千余年的科举制度终于轰然坍塌。整个社会对此表现漠然——那也是因为各大传媒都是由先进人士操控。至于许多州县有秀才前途无望，哭闹着上吊；无数塾师饭碗一朝跌破，不得不栖栖惶惶地重进师范学堂回炉，这些都只化作了"社会趣闻"的一则半条。

不过一种制度实行两千年而不坠，终归有它的道理。慢慢有人开始反思科举的合理性。梁启超所谓"夫科举非恶制也，所恶乎畴昔之科举者，徒以其所试之科目不足致用也"，还只是说对了一半。吕思勉则说，古人又不是傻子，何尝不知科举考的全是无用之物？只不过一个人能否将无用的东西学好，可以看出其人的资质智能，所以科举并不是用来选学有所成之士，而是在选可堪造就之人。

丘吉尔说，民主不是最好的制度，它只是"最不坏"的制度。一切制度选择，均当作如是观。科举这东西，就像葡萄，尝到甜头的都不吭气，尝不到的大骂其酸。我们有近百年不用科举，现在不妨回头比一比，看看科举的好处。

就说培养人才，目标不过是德智体全面发展。科举做得到。先说德，从前说"场中莫论文"，论什么？论运，还要论阴骘。

黄昏，号舍的门一关，就有号军在巷道间巡行，一边喊："有冤的报冤……有仇的报仇……"再加上广为流传的科场果报故事，一灯如豆，阴风凄凄，能从里面站着走出来的，不是真正德行无亏，就是心理素质极强。

次说智。科举的关键是"代圣人立言"，也就是揣摩的功夫。这不容易，你得像秘书为大人物写讲话稿，想想他对于这个题目会说怎样的话，还不许提到圣人们死后发生的事情。过去常讥笑科举出身的人学问空疏，哪知道他们是自我封锁，免得一不留神让东周的人说了西汉的话，北宋的人通晓南明的典。而今的历史剧编剧要有这份功夫，才叫阿弥陀佛。

再说体。院试乡试会试殿试，你以为体质差的人能过关？四五平方米的号舍里，食宿在此，作文也在此，很多地方的考场没有顶棚，落雨不怕，落雪也不怕。进场的时候得挎个大考篮，笔墨纸砚，衣食水米，全在其中，不亚于步行入藏的旅行者。最惨的是到了殿试，得自己背着考试用的桌子和凳子，从东华门一直走到保和殿。谁说科举培养出来的人才"四体不勤"？

不单德智体，还有美劳。基层考试有人抄朱卷还好，想殿试点翰林吗？写字得黑大圆光。不仅要苦练书法，还要懂得如何配制好墨，加松香使之凝，入锅灰使之润什么的。乡试会试都是三四天，又没有冰箱，不能都吃熟食，谁来为你煮米煮菜？还不是自己动手丰衣足食。科举出身的人，起码不缺乏基本的生活能力，非如今高分低能的大学生可比。

对社会而言，科举的一大好处是均衡贫富。看过《儒林外史》吧？范进一中举，就有人送银两，送房屋，送田地，还有夫妇来投身为奴。浑家一死，范进马上就成了富家的乘龙快婿。财富就这样通过科举在社会中自然流动，万般皆下品，唯有读书高，就因为它是实现公平的"看不见的手"啊。

科举养士更大的好处，也是千百年骂名所在：销磨意气。人才天生，但要成为栋梁，最最重要的一条就是要经得起折腾。经过院试乡试会试殿试一系列折磨（还可能是重复重复再重复），终成正果，好比唐僧师徒八十一难后修得金身，浮躁之气尽去，沧桑之感顿生。将来为官一任，才不至于猛冲直撞，误人误己。相比之下，现今大学生所受挫折训练太少，不利于适应社会各种规则和潜规则。

科举的好处，说得最明白的，是徐凌霄——此人的伯父徐致靖，正是当年康梁一班维新党的保举人。他并不拥护科举，但指出科举的最大功效就是让平民有机会与拥有知识与环境优势的贵人子弟竞争。为了达到这个目的，出题范围必须要小，考法必须要简单，让只买得起四书五经的寒士也能与诗书世家的子弟站在同一起跑线上。这还不够，又加一条：父兄有官居四品以上者，另设"官卷"，表面优待实则歧视，为的是留给下层读书人更多的机会，即如钱穆所言"科举制度显然在开放政权，这始是科举制度之内在意义与精神生命"。

在这个前提下，黄仁宇的看法比较容易理解。他认为，科举废除是二十世纪中国历史上的头等大事，从此上下两层社会被打成两截，无法得到有效的沟通。

因为那时的中国是一个绅权社会，基层社会完全靠绅士的权威维持。开办学堂以后，人才都跑到城里，读书，毕业，考G、考托、考雅思，出国，就业。没有人再返回乡镇，也就没有了所谓绅士。另外，从小学到大学，长达十六年的竞争，也就没有了"朝为田舍郎，暮登天子堂"的机遇，这个过程中，家世和背景，起的作用越来越大。

自然而然，一个精英社会就此形成。少数人发言，大多数人保持沉默。有人觉得这就是一个好社会。而我，只希望想起科举这种腐朽不足论的选举制度时，不要忘了它的立法精神。

北京大学有多自由

中国的现代大学究竟是不是古时太学的余绪？赞成或反对都有一套道理说。不管怎样，同是国家最高学府，比较一下"太学"与"老北大"的自由程度，还是一件蛮有意思的事。

以前太学的学规自然也是宽严不等。像晚清时"国子监学堂"已成为京师"十可笑"之一，在学监生也徒有虚名，那是谈不上什么学规的。但严的时候也严得可怕，最典型的莫过于南京北京国子监同立，曾被汪曾祺先生抄入《国子监》一文的明太祖敕谕：

> ……敢有抗拒不服，撒泼皮，违犯学规的，若祭酒来奏著恁呵，都不饶！全家发向烟瘴地面去，或充军，或充吏，或做首领官。今后学规严紧，若有无籍之徒，敢有似前贴没头帖子，诽谤师长的，许诸人出首，或绑缚将来，赏大银两个。……将那犯人凌迟了，

枭令在监前，全家抄没，发往烟瘴地面。钦此！

真是好威风，好煞气！想来那时的太学生，都只能"如临深渊，如履薄冰"地活着，委实可怜。只是到了19世纪末京师大学堂创办时，这种禁迫已是荡然无存。起初因为多培养在职官吏的缘故，或者还有些天朝威仪，及自清室逊位后，北京大学的自由风气渐渐养成，慢慢地竟到了"无为而治"的地步。今天的学者说起蔡元培先生实行的"学术自由，兼容并包"的政策，自然是赞叹莫名，神思悠悠。同样，当年北大学生的自由生活，大概也会让今日的大学生羡慕得流口水：

> 你爱住在学校里，可以（只要你有办法弄到房子）。你爱住在家里，也可以；你爱和你的爱人同住在公寓里，更可以。你爱包饭，可以；你爱零吃，也可以……推而至于：你爱上课，可以；你不爱上课，也可以；你爱上你爱上的课而不爱上你不爱上的课，更是天经地义的准可以！总之，一切随意。（朱海涛《"凶""松""空"三部曲》）

大学自由到这种地步，简直有点当年柏拉图学园的风味了，真令人向往！可是且慢高兴！任何自由都是一柄双刃剑，你的自由往往带来他人的不自由。即使北大也不能例外，看看这一段记载：

> 老北大的住是非常畸形的……每一间房子每一张床位，全是"兄终弟及"的，学校当局无力过问……现象发展的极端，于是常常寄宿舍内住了一大堆校外人，而正牌学生却不能不住公寓。

假如你也是当年一名住不上校舍的"正牌学生"，你会不会感到不平？会不会因为"平添了一笔公寓费"以及连带来的各种麻烦而愤怒？总不能因为年代久远，连当年的气愤也成了可资怀念的旧物，就连这引起气愤的现象也认为是合理的吧？

现代大学在中国创立不过百年，中间颠踬起伏又从未断绝，很多事情还不曾摸索清楚，"宽严皆误"的现象不少。如"五四"以来，学生在革命运动中的作用固然不可低估，但一旦因此就赋予学生运动绝对的合法性，问题也就大了。《北大旧事》中当年的北大学生与蒋梦麟校长的互相指责颇可玩味。蒋梦麟提到，"学校的学生竟然取代了学校当局聘请或解聘教员的权力。教员如果考试严格或者赞成严格一点的纪律，学生就马上罢课反对他们"，这说的大概是事实。北大讲义风潮，起自北大评议会规定学生必须缴讲义费，这无论在当时或现在看来都是天经地义的事，然而"数百学生马上集合示威"，终于把一向爱护学生的蔡元培也激怒了：

"你们这班懦夫！"他很气愤地喊道，袖子高高地卷到肘子以上，两只拳头不断在空中摇晃。"有胆的就请站出来与我决斗。如果你们那一个敢碰一碰教员，我就揍他。"（蒋梦麟《西潮》第十六章）

这样的局面，除了说学生自私无礼，确实很难找到别的解释。我并不是要单纯为学校当局辩护，但是据今而言，学生由于年轻冲动，往往不会体谅校方的难处，以至于有时好坏不分，连真心爱护学生的教师也一齐反对，非取得"完全自由"不肯罢手。这种现象倘遍及全国，则大学自身的体制就岌岌可危了。在鲁迅执教过的浙江两级师范，连后来被学生丰子恺誉为"像我们的母亲一样"的舍监夏丏尊，都被学生称为"阎罗"而加驱逐，何况别人？

而且，一旦学生真个掌了权，恐怕自己人以前的自由也未必保得住。曹聚仁在《后校长姜伯韩》一文中回忆当时浙江两师的学生自治会反抗官厅时，真是无法无天。但内部竟然有同学向自治会控告另一同学贪睡，每天下午三四点钟才起床，要求加以惩戒。这就不禁让人想起法国大革命时的"自由恐怖"了。说到底，"人生而自由，却无往不在枷锁之中"（卢梭），评价学生争取自由的运动时，哈耶克所谓"肯定性和否定性的自由"或伯林所谓"积极自由和消极自由"的提法，并不是派不上用场的。

丰子恺，你为什么敬爱李叔同

1998年4月底，我去应北京大学中文系现代文学研究生面试。一位先生问了我一个照例要问的问题：

"现代文学的作家里，你喜欢哪几位？说五位吧。"

第一是鲁迅，第二是沈从文，显然这是很大众的选择，先生们微笑地看着我，等着我说出张爱玲或钱锺书。

"还有，丰子恺，嗯，李叔同……"

先生眉毛一挑：为什么？

我讷讷的，有些答不出来。勉强搜寻、拼凑着词语："丰子恺说，感动他的有四样事物：天上的神明与星辰，地上的艺术与儿童。他和李叔同代表着中国现代'美的教育'的实践……"

我把这对师徒合起来说了，因为，其时我对李叔同或曰弘一法师的事迹、文字，其实不甚了了。我对他们俩的这些印象，全来自小时熟读了无数遍的一本书——《丰子恺散文选集》，丰华瞻、戚志蓉编，上海文艺出版社1981年版，定价0.91元。

这书中印象最深的篇什，又是那篇《怀李叔同先生》。第一次读到，我才九岁。就这样，从丰子恺笔下，我第一次认识了他的老师，李叔同。

在中国现代史上，老师李叔同的名气、地位，都远超过学生丰子恺。学生是中国漫画的始作俑者，也是著名的教育家；而老师，在美术史、戏剧史、宗教史、教育史几方面，都有着无可替代的地位。

可是，我对老师最初的认知，一直的认知，都是基于学生那篇不足十页的回忆文字。《弘一法师年谱》《弘一法师书信集》《李叔同集》《弘一大师永怀录》《漫忆李叔同》……那么多自己的、他人的文字，都未必敌得过这短短一篇小文。一想起"李叔同"三个字，脑海内站起来的，仍然是《怀李叔同先生》所写的那个人。

那是丰子恺眼里的李叔同。于是，这师徒二人，在我的心目中，往往合二为一，这一个，只不过是那一个的镜像而已。

至今，我仍略带偏执地认为，丰子恺的《怀李叔同先生》与萧红的《回忆鲁迅先生》，是中国现代散文中回忆恩师的双璧。笔端那别样的温情与崇仰，那真挚到近乎软弱的爱敬，一直要到汪曾祺追念沈从文的《星斗其文 赤子其人》出现，才有了第三篇。

我那时不知道的是，《怀李叔同先生》最初并不叫这个名字。丰子恺在1943年3月，老师去世后第一百六十七天写出的这篇纪念文字，刊发在《中学生》战时半月刊第六十三期上时，它的名字叫《为青年说弘一法师》。

米兰·昆德拉说，每个写作者心目中都有一批虚拟读者。你打算写给什么人看，就决定了你会以何种路径进入主题，以何种方式展开论述，又会得出何种结论。《怀李叔同先生》的感染力或许正在于，它是写给那时的"中学生"看的，是丰子恺借老师之死蹈行老师未竟的教育志向。他想和青年读者们分享的，正是李叔同先生作为"师"的伟大之处。

坦白说，大部分人都不理解，以李叔同的风流蕴藉、倜傥多才，何以会突然于中年遁入空门。对此有些甚为荒谬的议论，即便在敬他爱他的亲朋之中也在流传。比如李叔同出家是在1918年，便有人说，倘若李先生忍一忍，到第二年，他便会参加轰轰烈烈的五四运动，再也不会出家了。顺着这条思路推下去，李叔同的人生道路，便是"反映出知识分子选择道路的曲折性和悲剧性"。相较之下，"南社双僧"的另一位，由佛返儒的苏曼殊，反而更容易得到理解与同情。

我对被称为"内典"的佛家学说，半点不通，因为也不打算强作解人，去索解李叔同出家之谜。只是，像李叔同这种由天才转成"畸人"的例子，历代都有不少，唐寅、李贽、徐渭，都是这一流，非达到与他们一般的高度，或采用与他们相近的角度，是窥不透他们的步履所向的。"独恨无人作郑笺"，人如文章，也需要注解，需要笺释，只是，有没有介于畸人常人之间的知己来担当此任，就要看那人的福分了。

有丰子恺这样的学生，大概就是李叔同几生修得的福缘。反过来，得师如李叔同，结二十九年师弟尘缘，更是常人无法企及的大造化。

丰子恺在《怀李叔同先生》里，讲了老师不少逸闻，中心意思只有一条：李叔同受人崇敬，是因为他的人格特点。而李先生的人格特点有二：一是凡事认真，二是多才多艺。

多才多艺这点，根本不消说。拿丰子恺的话说，"不但能作曲，能作歌，又能作画，作文吟诗，填词，写字，治金石，演剧。他对艺术，差不多全般皆能。而且每种都很出色，专门一种的艺术家大都不及他，要向他学习"。上天降生他，似乎是为了展示一个人可以精通多少种艺术的门类，而这样一个艺术全才，又是如何能将上述这一切才艺与爱好几乎全部放弃的。

李叔同在二十岁前后，便以才名享誉海上，他二十六岁去日本之前，填过一首《金缕曲》示友：

　　披发佯狂走。莽中原，暮鸦啼彻，几株衰柳。破碎山河谁收拾，零落西风依旧。便惹得离人消瘦。行矣临流重太息，说相思刻骨双红豆。愁黯黯，浓于酒。

　　漾情不断淞波溜。恨年年絮飘萍泊，遮难回首。二十文章惊海内，毕竟空谈何有！听匣底苍龙狂吼。长夜西风眠不得，度群生那惜心肝剖！是祖国，忍孤负？

　　《金缕曲》的名作，当然是纳兰容若与顾贞观那几首唱和，但这首也不遑多让，虽然多少带着南社诗词常有的颓唐与狂气，却大不同于那些借爱国吐怨气的时作。大约是可以比于鲁迅那首"灵台无计逃神矢"的，我以为。

　　还有后来那首《送别》，现代歌曲史上还有更洗练隽永的歌词吗？

　　他到了日本，学画学音乐，与同好组织春柳社，用日语排演《椿姬》，那便是"断尽支那荡子肠"的《茶花女》。他自己演茶花女玛格丽特，丰子恺说："那照片，他出家时也送给我……现在我还记得这照片：卷发，白的上衣，白的长裙拖着地面；腰身小到一把，两手举起托着后头；头向右歪侧，眉峰紧蹙，眼波斜睇，正是茶花女自伤命薄的神情。"当年看这笔描述，让我何等心驰神往，不知是怎样一幅佳人图景！

　　我得承认，丰子恺太爱他的老师，不免有溢美之嫌，日后我也看到了李先生演茶花女的剧照，老实讲，他的眉眼并不适合扮女角，腰很细倒是真的。当年目睹者之一的欧阳予倩也说"只就茶花女而言，他的扮相并不好，他的声音也不甚美，表情动作也难免生硬些"。这次演出反而激发了欧阳先生投身戏剧的决心，因为他觉得"倘若叫我去演那女角，必然不会输给那位李先生"（《春柳社的开场》）。

好在丰子恺写这一段，不是想夸老师长相俊美，而是要说明李叔同"最大的特点是——认真"，"他对于一件事，不做则已，要做就非做得彻底不可"。

李叔同出家时，将过去的大部分照片都送给了学生丰仁。抗战军兴，已经改名丰子恺的丰仁匆遽出逃，那些照片自然不及携带。丰子恺在四川五通桥的客途中，得到老师在泉州逝世的消息，于是他以文笔作画笔，画出一幅幅记忆中的影像：

> 丝绒碗帽，正中缀一方白玉，曲襟背心，花缎袍子，后面挂着胖辫子，底下缀带扎脚管，双梁厚底鞋子，头抬得很高，英俊之气，流露于眉目间。真是当时上海一等的翩翩公子。这是最初表示他的特性：凡事认真。他立意要做翩翩公子，就彻底的做一个翩翩公子。
>
> 高帽子、硬领、硬袖、燕尾服、史的克、尖头皮鞋，加之长身、高鼻，没有脚的眼镜夹在鼻梁上，竟活像一个西洋人。这是第二次表示他的特性：凡事认真。学一样，像一样。要做留学生，就彻底的做一个留学生。
>
> 漂亮的洋装不穿了，却换了灰色粗布袍子、黑布马

褂、布底鞋子。金丝边眼镜也换了黑的钢丝边眼镜。他是一个修养很深的美术家，所以对于仪表很讲究。虽然布衣，却很称身，常常整洁。他穿布衣，全无穷相，而另具一种朴素的美。……布衣布鞋的李先生，与洋装时代的李先生、曲襟背心时代的李先生，判若三人。这是第三次表示他的特性：认真。

李叔同的认真，贯于终生，在中国这样一个"差不多先生"（胡适语）充斥的国度里，难免会被认为是骇人的怪癖。有些传闻说他在日本时，与人约了十点钟见面，那人十点半才到，他就闭门不见。事实也许还要惊心些——当事人（仍是那位欧阳予倩先生）回忆说："有一次他约我早晨八点钟去看他——我住在牛込区，他住在上野不忍池畔，相隔很远，总不免赶电车有些个耽误，乃至我到了他那里，名片递进去，不多时，他开开楼窗，对我说：'我和你约的是八点钟，可是你已经过了五分钟，我现在没有工夫了，我们改天再约罢。'说完他便一点头，关起窗门进去了。我知道他的脾气，只好回头就走。"

他到杭州，经亨颐留他在浙江两级师范任教，李叔同开出的条件是：每个学生配一台风琴，以及专门的画室，否则不接受。经校长答应了。转过年，新生入学的丰子恺大吃一惊，这里有"特殊设备（开天窗，有画架）的图画教室，和独立专用的音乐教室，置备大小五六十架风琴和两架钢琴。

下午四时以后，满校都是琴声，图画教室里不断地有人在那里练习石膏模型木炭画，光景宛如一艺术专科学校"。李叔同此时在南京、杭州两地兼课，请假的时候不少，但他决不浪费课堂上每一分钟，必用的板书，一定在课前写好，两块黑板写得满满的。点名簿、讲义、教课笔记簿、粉笔，全部就绪。然后自己解开琴衣，打开琴盖，摆好谱表，琴上放一只时表，坐在讲台上等学生。这样的课，无人敢迟到。

他一生的知交夏丏尊，也常常谈起一桩往事：他们在浙江两级师范学校同事时，学生宿舍被盗，众人虽然有所猜测，苦无实据。夏丏尊身为舍监，深觉惭愧苦闷。李叔同给他出了个主意："你肯自杀吗？你若出一张布告，说作贼者速来自首，如三日内无自首者，足见舍监诚信未孚，誓一死以殉教育。果能这样，一定可以感动人，一定会有人来自首——这话须说得诚实，三日后如没有人自首，真非自杀不可。否则便无效力。"夏丏尊当然做不到。只是，若李叔同是舍监，他做不做得到？我赌他能。

嗣后李叔同转而学道，入大慈山断食十七日；再变为学佛，终于出家，成为弘一法师。而且还修的是佛门中最难修的律宗。又是一桩逸事：弘一到丰子恺家，被请到藤椅里坐。他每次总把藤椅轻轻摇动，然后慢慢坐下去。起先丰子恺不敢问，后来看他每次如此，才敢启问。法师说："这椅子里头，两根藤之间，也许有小虫伏着。突然坐下去，要把它们压死，所以先摇动一下，慢慢地坐下去，好让它们走避。"

说到此，还有一件好玩的事。吕碧城是李的南社社友，后师从严复，是清末民初著名的女才子，当过天津北洋女子师范校长。她也学佛，在香港时买了一幢小洋房，却碰上白蚁为患，用药水打，必然伤及白蚁性命；不用药水，房子就有坍塌的危险。于是她写信给厦门普陀寺弘一上人，问他怎么办。

弘一法师的回信不知如何答复。他一定不赞成杀生，然而洋房楼下还有租户，不是吕女士一人之事。不久吕碧城就搬家了，或许是弘一的主意：杀之不忍，治又无方，只有"避"这一途。

少时看孟子讲"君子远庖厨"，觉得老孟好不虚伪，你不进厨房，难道畜牲就不被杀？后来渐渐明白，这是要保全自己的一份仁心。世缘难绝，俗念难破，不管是自己的还是他人的。丰子恺的商人亲戚看了李叔同的各时期相片，听了他的事迹，反应大抵是："这人是无所不为的，将来一定要还俗！""他可赚二百块钱一月，不做和尚多好呢！"就算是丰子恺与夏丏尊，总算弘一的知己，在他出家六年后去杭州看他，为了表示虔诚，准拟吃一天的素，但进了杭州，"终于进王饭儿店去吃了包头鱼"。

不过丰子恺到底是茹素做了居士，或许是弘一的人格力量影响所致。而且，他发了愿心，要与老师合作《护生画集》。这套画集，一共出了五集，前数年突然走红，出了几个版本。

弘一诗，子恺画，都在突出动物界那活泼泼的生机，动物之间的亲情爱意。我读此书，屡屡不能终卷，因为知道自己是吃不了素的，看得越多，罪感越强。打开与合上书卷之际，总能体会到这一对师徒的大慈悯。

李叔同出家后，名声依然响亮。述及的文字，不是讲他佛法精妙，就是说他平易可亲，只有丰子恺，能写出他心底剩留的思慕与悲欣。

1926年，弘一再访海上，特地去找他儿时居住的城南草堂。他对丰子恺说，在那里读书奉母的五六年，是"最幸福的"，之后到出家，则是"不断的忧患与悲哀"。

我没想到弘一出家八年后，还会有这样浓重的访旧的冲动。他走进城南草堂，"装修一如旧时，不过换了洋式的窗户与栏杆，加了新漆，墙上添了些花墙洞。从前他母亲所居的房间，现在已供着佛像，有僧人在那里做课。近旁的风物也变换，浜已没有，相当于浜处有一条新筑的马路，桥也没有，树也没有了。他走上转角上一家旧时早有的老药铺，药铺里的人也都已不认识"。

这是他口述给丰子恺听的。在丰子恺的转述中，俨然一幅"昔我往矣，杨柳依依，今我来思，雨雪霏霏"的场景。其实这是弘一眼里看出的景。因为第二日，他又带着子恺去了，丰子恺的感觉是"今天看见城南草堂的实物，感兴远不及昨天听他讲的时候浓重，且眼见的房子、马路、药铺，也不像昨天听他讲的时候的美而诗的了"，尤其他们碰见了现在的主人：

> 里面一个穿背心的和尚见我们在天井里指点张望，就走出来察看，又打宁波白招呼我们坐，弘一师谢他，说"我们来看看的"，又笑着对他说："这房子我曾住过，二十几年以前。"那和尚又打量了他一下说："哦，你住过的！"

这样的故事，这样的文字，似乎是从《儒林外史》的尾章移出来的，里面蕴藏的悲哀，如同虎跑的泉水，满满一杯，扔个硬币进去，水立刻高出杯沿，但并不溢出来——弘一说，他那时去虎跑断食，原是贪那里的泉水好（断食规程，每日要饮五合泉水），并非为了有佛寺。然而竟在彼处定了出家的念头。

第二年，就是1927年秋天，弘一云游经过上海，到江湾丰子恺寓所缘缘堂小住。那是师徒二人最后一次小聚。我很喜欢那样的场景，分属师徒，却谊同兄弟，法师与居士，两位艺术家，曾经的教师与现在的教师，不太负责任的丈夫、父亲与最顾家慈爱的丈夫、父亲，他们在沪滨的黄昏中谈着话：

> 每天晚快天色将暮的时候，我规定到楼上来同他谈话。他是过午不食的，我的夜饭吃得很迟。我们谈话的

时间，正是别人的晚餐的时间。他晚上睡得很早，差不多同太阳的光一同睡着，一向不用电灯。所以我同他谈话，总在苍茫的暮色中。他坐在靠窗口的藤床上，我坐在里面椅子上，一直谈到窗外的灰色的天空衬出他的全黑的胸像的时候，我方才告辞，他也就歇息。这样的生活，继续了一个月。

有一句话，后期收入《缘缘堂随笔》的《怀李叔同先生》里已经没有了，但早先的《为青年说弘一法师》里是有的。丰子恺是何等地偏爱他的图画和音乐老师啊，他写道：

> 我敢说：自有学校以来，自有教师以来，未有盛于李先生者也。

像粉丝一样苦恋毛彦文

当过北京大学英文系主任的温源宁，1934年有一篇著名文章"Mr. Wu Mi, a Scholar and a Gentleman"（《吴宓先生，一位学者和君子》），发表在《中国评论周报》的"亲切写真"栏目。劈头一句便是："Mr. Wu Mi is like nothing on earth: once seen, never forgotten."这篇文章有多种译本，这一句我还是喜欢林语堂的译法："世上只有一个吴雨僧，让你一见不能忘。"

我们现在看吴宓的照片，总觉得除了他自评的"其貌不扬"四个字，也没什么可惊异之处。可是在温源宁笔下，他的形象却"奇绝得有如一幅漫画"：

他的脑袋形似一枚炸弹，且使人觉得行将爆发一般。瘦削的面庞，有些苍白、憔悴；胡须时有进出毛孔欲蔓延全脸之势，但每天清晨总是被规规矩矩地剃得干干净净。粗犷的面部，颧骨高耸，两颊深陷，一双眼睛好似烧亮的炭火，灼灼逼人——所有这一切又都安放在一个加倍地过长的脖颈上。他的身躯干瘦，像根钢条那样健壮，坚硬得难以伸缩。

这样的描写很让吴宓本人生气，在日记里痛骂温源宁是"刻薄小人"，可是，温源宁给吴宓画的这幅肖像是有道理的。四十五年后，也就是1989年，西南联大肄业生汪曾祺在文章里回忆吴宓的样貌："吴宓（雨僧）先生相貌奇古。头顶微尖，面色苍黑，满脸刮得铁青的胡子，有学生形容他的胡子之盛，说是他两边脸上的胡子永远不能一样：刚刮了左边，等刮右边的时候，左边又长出来了。"在汪曾祺的记忆中，吴先生走路总是笔直的，匆匆忙忙的，似乎从没有逍遥闲步的时候。

这样的先生会给人一种古板道学之感，但认识吴宓的人都知道那是假象。温源宁说："他自认是一名热诚的人文主义者和古典主义者，但他的气质却是彻头彻尾的浪漫主义者。"在昆明期间，吴宓最轰动的传闻，是他用他那根黄藤手杖，将一家饭馆打得七零八落，只是因为该饭馆叫"潇湘馆"，吴雨僧先生觉得污辱了他心爱的林妹妹！

这种传说太夸张了。我还是宁愿相信汪曾祺的回忆：那家饭馆开在文林街和府甬道拐角处，是几个湖南学生集资开的——这样"潇湘馆"的名称就顺理成章了。吴宓怎么可能去打学生的店？但他确实提出了抗议，并勉强同意了一个折中的方案：饭店改名叫"潇湘饭馆"。

吴宓对《红楼梦》感情很深。他在哈佛大学学西洋文学，回国后一直在西语系执教，但他会开一门外系学生也可以选的课《红楼梦》，据说很叫座，女生尤其多。"他一进教室，看到有些女生站着，就马上出门，到别的教室去搬椅子……吴先生以身作则，听课的男士也急忙蜂拥出门去搬椅子。到所有女生都已坐下，吴先生才开讲。"（《吴雨僧先生二三事》）这真是大家心目中的"贾宝玉精神"，虽然传说中陈寅恪是将吴宓比作"妙玉"，欲洁未曾洁。总之，他看上去是一个相当纯粹的人，或者说，相当极端的人。

他是一个很好的友人，且不说1960年代他千里迢迢往广州访候陈寅恪，也不说他在"文革"风暴最烈时还去信"中山大学革命委员会"询问陈寅恪的健康状况，我们甚至不必提王国维自沉昆明湖前，在遗书中委托他与陈寅恪代为处理书籍，只说1923年5月，朱君毅与毛彦文感情破裂，南京教育界倾力调解，吴宓不但穿梭其间尽心帮忙，事情告一段落后，他还出钱请所有人吃了顿饭庆祝……

慢着，倒一下带，吃饭，出钱，调解，教育界，感情破裂，毛彦文……对，正是毛彦文。这位只认吴宓是"较熟的友人"，吴宓却将几乎一生的爱情、家庭、名声、梦想都绑在她身上的女性。

毛彦文生于1898年，她的少年赶上了清末民初的女学勃兴，接受了初步的教育，她的青年赶上了狂飙突进的新文化运动，她当过女教师，留过学，在美国取得了硕士学位。这是一位独立自主的"新女性"。尤其是，她的性格。毛彦文一生中，算得上轰动一时的事件，大约有四桩：

1914年，十六岁的她在花轿临门之际，逃离家庭，争取与表兄朱君毅的自由恋爱，"受尽江山舆论的责难与冤枉"；

1923年，朱君毅移情别恋，解除与毛彦文婚约，闹得南京教育界搅扰不宁，两人感情终于无法挽回；

1928年，吴宓以已婚身份，苦追毛彦文，"吴宓苦爱毛彦文，三洲人士共惊闻。离婚不畏圣贤讥，金钱名誉何足云"；

1935年，三十七岁的毛彦文嫁给六十六岁的前国务总理熊希龄，全国报章竞相报道，纷纷扰扰达数月之久。

毛彦文自己说，她在奉父母之命订婚时，毫不在意，反而因为"穿上新衣得意扬扬"，直到被人提醒：这意味着要与一个不相识的男人生活在一起，她才恍然大悟，坚决逃婚。

在她和朱君毅的解除婚约会上，教育界名流们纷纷发言，痛斥朱君毅见异思迁，反而是毛彦文自己忍不住说："请各位不要责备朱先生太多，今天的会是讨论如何解除婚约，不是向朱先生兴问罪之师。"惹得女学者陈衡哲大为生气，嚷嚷"我们大家退席，到现在毛小姐还维护朱先生"。

吴宓苦追她十余年，虽然行为荒唐，但用情之深，确实也感动了许多旁观者。半世纪以来，颇有人责备毛彦文寡情，但毛彦文自己的认知是，她自己"平凡而有个性，对于中英文学一无根基，且尝过失恋苦果，对于男人失去信心"，即使勉强与吴宓结合，也会离婚。

她嫁给大她近三十岁的熊希龄，一方面是觉得他是"正人君子"，不至于喜新厌旧，另一方面，也未尝不知道熊希龄续弦，是在为香山慈幼院事业寻找一个继承人。面对这桩并无爱情基础的婚姻，新女性毛彦文还是答应了。

这是一个思路清晰、自制力很强、以理念指导生活的女性。未婚夫朱君毅留学美国六年，她坚持每两周一封信，即使后两年朱君毅以撰写论文为名，回信渐疏，毛去信也从未间断。事实上，朱君毅坚持解除婚约，除去另有年轻女性的诱惑，也未始不是觉得这位未婚妻独立性太强，太不好驾驭。

从留美幼童一直读上来，又娶了旧式女子陈心一的吴宓先生，撞上了这样一个独立自主的新女性，肯定会被她强烈地吸引。早在留美时，同窗好友朱君毅把毛彦文的每封信都给吴宓看，于是他眼见着一个文笔还不通顺的小姑娘，慢慢成长为一位有自己见解的独立女性，"很羡慕朱君毅有这样一位表妹"，要知道女弟子兼鸳侣，正是中国文人对理想家庭的传统想象。毛彦文就深知"吴脑中似乎有一幻想的女子，这个女子要像他一样中英文俱佳；又要有很深的文学造诣；能与他唱和诗词，还要善于辞令；能在他的朋友、同事间周旋；能在他们当中谈古说今……不幸他将这种理想错放在海伦（毛的英文名）身上"（《往事》）。

朱、毛闹分手，吴宓作为朱君毅至交，又站在毛彦文的立场极力挽回，以吴的贾宝玉性格，对毛彦文的怜惜、疼爱之情必定大增。朱、毛虽然解除婚约，按照中国传统伦理，吴宓无论如何不该追求毛彦文，但他仍然一意孤行，还闹得沸反盈天。他可是一名人文主义的信徒，旧文化旧道德的守护者！他的对头胡适尚且能终身不二娶……吴宓很让曾经那么欣赏他的旧派人物失望。

而且，吴宓的性格又将周围的这种失望放大了。他觉得，不论之前是友是敌，胡适、沈从文这些老对头也好，李健吾、钱锺书这些旧学生也罢，都在对他"大肆攻讦侮蔑"，"实世事之最不公"，于是在日记里多次表示，恨不得自杀离世才好。

年轻时，他曾经与陈寅恪讨论各自有多大可能会"发疯"。吴宓说，他有百分之七十的可能，所以他一定要借助爱情或宗教，把性格中的毒素排解出去。也许就是因为这个，一个心地善良、为人拘谨的学者，一遇男女感情，会突然变成一名冲动决绝、不可理喻的狂夫。

抛开学问不谈，我愿意把吴宓归入"粉丝"一类。我知道这样说，会有很多人觉得唐突前贤。可是，粉丝那种无条件的喜爱与信仰，非理性的狂热与冲动，不正是浪漫主义者吴宓终生的姿态？他是老师白璧德的粉丝，虽然行为常常背离人文主义的原旨；他是朋友陈寅恪的粉丝，虽然不能像陈寅恪那样守志不辱；面对"理想女性"毛彦文，他不仅是粉丝，简直是铁粉了。谓予不信，来看1939年7月，熊希龄病逝后，吴宓想要再追求毛彦文，设计的方案：

> 为今之计，宓宜径即赴沪。先在港制西服，自饰为美观年少。秘密到沪，出其不意，径即访彦。晤面后，旁无从者，即可拥抱，甚至殴打撕闹，利诱威逼，强彦即刻与宓结婚，同行来滇。出以坚决，必可成功。即至越礼入狱，亦于宓无损。

这一年，毛彦文四十一岁，吴宓已经四十五岁。大家都是社会上有头有脸的知名人士，居然想得出这种计策，读书至此，唯有苦笑。

时光倒回到1912年，陕西来的乡下小子吴宓插班就读于上海圣约翰大学。他当时的学名是"吴陀曼"，不知哪个促狭同学，在黑板上写了沪语谐音的"糊涂man"三个大字。

一语成谶。

顾先生的字写得真快

最早知道京西的妙峰山，是因为读丁西林。他写过一个剧本就叫《妙峰山》，讲北京一个大学教授在那里当了劫富济贫的山大王。看剧本感觉妙峰山是个很热闹的所在，客商云集，各说各话。

这个地界最热闹的时候，是阴历四月初一到十五。那是两百多年来华北地区最盛大的庙会，朝山的香客来自四面八方，每天都有好几万人，远至保定、张家口，都有香客团全副仪仗前来，在来路上互道"您虔诚！"下山的时候佩上一朵纸花，"带福还家"。

现在要去妙峰山，一点都不犯难。某年阴历四月初八浴佛节，我们坐地铁到苹果园，下来打个的就上山了，一直开到庙门口，才十点钟。可是，在民国十四年（1925）呢？那一年的浴佛节，有几位北京城里的"先生"起心要去看看他们从来不了解的妙峰山庙会。

他们约齐了八点钟出发，坐人力车到西直门。九点到了海淀。十二点到黑龙潭。下午到了北安河。打尖的时候，店主告诉他们有轿子坐，每乘大洋三元。他们不坐，他们要徒步上山。这几个文弱书生走得了四十余里的陡峭山路？周围的人都不相信。结果他们居然就一路走到了山顶的娘娘庙。已经是晚上九点了。

他们从第二天开始收集各香会的资料，才知道了棍会、开路会、施茶会、馒头会等许多名目，知道了香会的资金是像交税一样按地亩征收的，知道了要一百年以上的香会才能叫"老会"，不然只能叫"圣会"……姓顾的先生生性内向，不大敢和人搭话，只是一味地抄路边的会启。倒是有许多香众围在他身旁看他写字。有人赞道："这先生的字写得真快！"

到第三天他们就不得不下山了，因为北京大学给他们的经费只有五十元（他们上山不坐轿有这个原因吗？）可是顾先生的脚崴了，只好雇了一乘轿子。山路那么陡，坐在轿子上往下看，只觉得轿夫随时都会失足，连人带轿堕入深涧。顾先生吓得直嚷着要自己下来走。后来想出一个好办法，把轿子倒过来抬，这样顾先生只会看到高远的天空，就不害怕了。

一行人下了山。其中一位孙先生，是《京报副刊》的编辑，把他们的调查成果，连续发表在报纸上，称为《妙峰山进香专号》。又过了四年，中山大学以这些文章为主，出版了《妙峰山》一书。这本书，成为中国民俗调查的开山之作。

妙峰山庙会在明清野史笔记中都有记载，那只是采风搜奇式的点滴留存。到了这几位先生手里，妙峰山才真正进入了历史。抛开民俗学的开创意义不谈，这是"大传统"与"小传统"的第一次正面遭逢。北京城里的知识分子，第一次认识到了在新华门、东交民巷、中央公园、沙滩之外的另一重世界。即如顾先生所说："我们所知道的国民的生活只有两种：一种是作官的，一种是作师的；此外满不知道（至多只有加上两种为了娱乐而联带知道的优伶和娼妓的生活）。"通过妙峰山，他们了解到民间信仰的力量，存在于四书五经忠孝仁义之外的维系民间社会的力量。

去妙峰山的先生有五位，顾颉刚、容庚、容肇祖、庄严、孙伏园。

大师不会讲课，又怎样

俞平伯先生以前在北大讲宋词，总是读一首词——不是朗读，而是摇头晃脑地吟哦，然后说："好！真好！"再读一首词，又是"好！真好！"第三首，亦复如是，第四首……下课。

这则逸事很多人都回忆过，而且北京大学、西南联大的学生都有，大概不是假的。俞平伯的这种"不教之教"，至今传为美谈。不过美谈云者，其实是信不得的。清华大学当年老生戏弄新生，现在也传为美谈，我不信那些新生当时也作如是想。最近一位当年联大的学生，听过俞先生课的，写文章说：我也这么大年纪了，不再顾忌什么，老实说，俞平伯的课，我实在听不出有什么好。不但俞平伯，顾颉刚、朱自清、张申府……都不会讲课。

朱自清不会讲课，这我知道，据说他一见下面有女生就脸红，说不出话来；顾颉刚是因为口吃，上课就是写黑板；还有一位周作人，只是对了讲稿小声地念……俞平伯跟他们不同，他的讲课法是一种文人气的表现。另一则逸事说，俞平伯有一次在红楼贴出告示：本周没有心得，停课一次。放在今天，谁敢？所以真正可以佩服，可以传为美谈的是当时大学宽松的机制，自由的风气。

但是莫要以为当年大学里人人都那么散漫，学生就不见得都喜欢俞平伯的教授法，这与生长环境、个人习惯有关，甚至与方言有关。梁启超在清华讲课，突然大声问："点解呢？"满堂愕然，广东同学则暗自偷笑。鲁迅的绍兴口音，王瑶的山西腔调，因为写回忆文字的人都是门生故旧，忽略不计，其实听若无闻，叫苦不迭的人多着呢。反过来，严谨的老师碰到自由的学生，后果就更严重。系主任罗常培推荐毕业生汪曾祺给朱自清当助教，朱一口回绝，理由是："他连我的课都不上！"杨振声就不同，汪曾祺交了一篇作业《方车论》，很短，很好，杨振声就当着全班宣布："汪曾祺一个人可以不参加考试！"

不知道是不是因为对现在的大学体制逆反，我们特别爱听从前关于自由散漫的种种故事。然而身处其中，感觉未必就像听故事那么好。北大来者不拒，从无驱赶校外听课者的传统，这也传为美谈，可是对于为研究生开的小课而言，很影响讨论，而且有很多人站着听，老师心里也不安乐。陈平原教授常说，学问本来是"二三素心人"讨论的事业，现在变成了老师面对公众的"表演"，像俞平伯那样的教法，十来人的小课还行，大课就成了玩笑。所以，故事只是故事。

沈从文为什么跑警报

这个人已经一百多岁了。

他来的时候寂寞，走的时候同样寂寞。他的百年寿辰曾赢得一片热闹，热闹底下是更深的寂寞。

他算是一个幸运的人。想当年，"北漂"大军，何止千万，他一个没有上过大学的退伍军曹，靠一支还说不上流利的笔，在乱军阵中杀将出来，成了知名作家，又主编了大报的文艺副刊，在文坛也算得有头有脸。作品多，也不坏，到他四十多岁的时候，已经有人恭维他是"中国的托尔斯泰"。

他喜欢上一位姑娘，是他的学生。同事、上司，都帮他的忙，再加上一股乡野带来的蛮气，他终于娶到了这位名门淑媛。于是有了那封脍炙人口的电报：

乡下人，喝杯甜酒吧！

一辈子他都是个乡下人，用高丽纸，写很小的小楷。他说：荠荠的"格"要比土豆高——我要指出，这句话"政治不正确"，植物生而平等，同享有天赋物权。

他是一个不幸的人。

一个闯入都市的乡下人，一辈子都没有真正融入其中。一个混入大学讲堂的无文凭者，当然会遭到讥笑和白眼。学历与学问如朱自清，在清华大学开设现代文学史课，尚且被人讽骂为"阿世"，何况他这个没有大学文凭，没有国学功底，又没有啃过洋面包的乡下人！何况他讲的又是《各体文习作》一类的课。虽然也有人是冲着他来报考这所大学的，他的课也颇受欢迎，又怎能改变他是个"乡下人"的事实？

教《庄子》和《文选》的刘文典跟他一起"跑警报"。突然，这位前河南大学校长立住了脚，发出了一句呵斥，声音很大，连渐渐迫近越来越响的敌机声也淹没不了：

> 我跑警报，是因为我死了以后就没有人教《庄子》了，沈从文跑，他为了什么？！

纵使他当时没听见这句话，也会听见大学里沸沸扬扬的传言。然而他没有任何回应。能够让龙云特批每天二两烟土的"二云居士"（刘文典因嗜好云腿和云土得此名），大概是有这个资格的吧。这句话与后来郭沫若痛斥他的小说为"桃红色文艺"相比，没有决人生死的威力，却同样如一把刺刀，扎进心脏，再绞上几转。

他死的那年，传说已经被决议授予当年的诺贝尔文学奖。然而他死了，那奖也给了别人。而今大家都在惋惜，不过，他要是得了这奖，难保不成为有些人从此看不起诺贝尔奖的依据。

联大领导巡视组来到李庄

　　头次去李庄，完全是按照罗常培1942年《蜀道难》中记载的路线走。

　　李庄镇距叙府（宜宾市）二十二公里，集镇在长江边上，各村则散落山中。抗战时期，这里驻留过中央研究院史语所、社会科学研究所，同济大学，中央博物院，营造学社，以及北京大学文科研究所部分成员。说李庄是"抗战后方四大文化中心之一"，不过分。

　　1941年6月27日，西南联大校长梅贻琦、教务长郑天挺、中文系主任罗常培自泸州上船，往李庄参观，也看看那里的老朋友们。他们6月初从昆明飞到重庆，再从重庆乘汽车到泸州。可是要从泸州到叙府，却等了十二天，既没有车，也没有船。

　　史语所最偏僻，在板栗坳，"一个众峦逃拱的山洼"中。这里离李庄镇有十来里崎岖的山路，极为难行。而且这里自成一体，大乡绅有枪，有碉堡，还自己发行钞票。

史语所租下了板栗坳六所乡绅的大房子。当初也不知费了多大劲儿，才把史语所汗牛充栋的中西文书库给运进山去。

板栗坳比旁的地方都要闷热，川南的民居更是既不通风又不透气。罗常培来的第一夜，通宵无法入眠。史语所的傅斯年和李济之都是大胖子，难以想象他们怎么挨得过去。为什么要到这么偏僻燠热的地方来？答案只能是：保护资料和研究。叙府一带常有空袭警报，但傅斯年、董作宾、李方桂等同人照常工作，任继愈等研究生的口试照常进行，完全不受干扰。罗常培赞叹道："专就这一点来说，就比住在都市里强得多！"

晚上，梅校长一行和史语所同人坐在牌坊头乘凉，回忆起北京、天津、上海、广州、长沙……很多很多地方。不知不觉已有十多个年头，想起这些，酷热的板栗坳似乎也变得风凉了些。

社会科学研究所在石崖湾，陶孟和等主持。那里有个七十多岁的老人邓四光，还记得和梁方仲的儿子梁承邺一起抓泥沙、跳格子。

梁思成夫妇的营造学社在月亮田。他们的卧室兼书房很小，真的只是"容膝"而已。林徽因在四川得了气管炎，每天须躺在院子里的帆布床上晒太阳，但是谈锋依然很健，客人告辞了还不肯罢休。梁、林的《图像中国建筑史》是在这里写成的。

这些人在李庄，对当地人的生活并没有产生太大的影响。同济医学院解剖尸体曾被当地农民认为是"人吃人"，要一把火烧了他们。后来县里派兵弹压，院里又摆了几十桌酒，向乡民解释，才算搁平。月亮田一个乡民对我说：梁思成现在外面喊得热闹，当年我们可一点儿都不欢迎他们。

听说，去年同济大学在李庄特招了一名女生。

李庄现在最有名的，是"李庄白肉"。

若园巷，翠湖边

翠湖的原名叫"菜海子"，老昆明或许还记得。然而翠湖之所以不只是昆明的翠湖，是因为西南联大八年。想不得，一想到有那么多不世出的奇才每天在这里走来走去，就有点心旌神摇，见山不是山见水不是水了。

可是联大时期的翠湖，确实是一个特异的地方。"赤县尘昏人换世，翠湖春好燕移家"，两句诗把时势世变和翠湖风光打成一片，是典型的陈寅恪诗风。抗战时的翠湖，不是纯粹的风景。

翠湖周遭，我最想看一看的是若园巷二号。很可惜，没找着。

当年这里的房东是一个寡妇，种了一树的缅桂花。缅桂花熟的时候，房东会打发她的养女，给各房的"先生"送一盘子去。把房子租给联大的学生，是赚不了多少钱的。可是翠湖边还是有很多人家愿意这样做。不然，联大的新校舍就得一张床睡两个人了！

若园巷二号住过汪曾祺，不客气地说，翠湖能有偌大名气，一半是他的功劳（李庄就可惜少了这么一个作家）。看他笔下的文林街、文庙街、龙翔街、凤翥街……翠湖的茶馆和图书馆，会让人不由自主地喜欢上昆明。如今那些可爱的小店和卖糠虾的老太太到哪里去了？我看见的咖啡屋，比萨饼和VCD特价。流沙河说得好：生活是生活，艺术是艺术。

汪曾祺在若园巷二号的同屋是王道乾。他是王小波的文学老师之———另一位老师查良铮（穆旦）那时也住在翠湖边上。

王道乾在若园巷的生活似乎蛮写意，说"诗意"也无妨。"他当时正在读蓝波的诗，写波特莱尔式的小散文，用粉笔到处画着普希金的侧面头像，把宝珠梨切成小块用线穿成一串喂养果蝇。"汪曾祺似乎跟王道乾也并不十分要好。那时外文系的学生很有些瞧不起中文系的"土包子"。但是汪曾祺和陈蕴珍（即萧珊，巴金夫人）关系不错，他的夫人施松卿也是外文系的。在当时的联大，真是一个异数。

他们的隔壁还住过一个人，吴讷孙。据说后来是美学和美术史专家。这个我不了解。我熟悉的是他的长篇小说《未央歌》。这本小说创造出了一个西南联大的青春神话，风魔了台湾一代青年学子。童孝贤、蔺燕梅、伍宝笙……这些名字伴随着他们的青春记忆。多年以后，这些学子中的一位歌手，黄舒骏，用一首《未央歌》及同名专辑，完成了小说和作者的致敬。

汪曾祺和吴讷孙，都是没有西南联大毕业证的"肄业生"。

若园巷，翠湖边一条我找不着的小街，居然就这样和我们的当下产生了联系。七十年，五千里，也完全没有关系。纸墨之寿寿于金石，也寿于不断改换的地名和市容。

（后来才知道，若园巷已经消失在某单位的圈地之中了。）

西南联大的教授学生，有穷也有富

抗战军兴，平津陆续沦陷，各大学纷纷内迁。其中北京大学、清华大学、南开大学决议合校，校址最后设在昆明，这就是赫赫有名的国立西南联合大学。抗战八年，这里是中国的最高学府。

近年来西南联大校史研究大热，联大教授之多，著述之富，课程设置之规范，校务管理之整治，都令后世学者啧啧称羡。尤为人所赞佩的是全校师生身处如许逆境，仍能潜心教学，为中国学术、教育留得一分元气，不枉了"刚毅坚卓"的四字校训。

联大师生的生活自然很清苦。汪曾祺先生的《新校舍》一文曾记述了学生的饭食："学生吃的饭是通红的糙米，饭里什么都有：砂粒、耗子屎……被称为'八宝饭'……菜多盐而少油。常吃的菜是煮芸豆，还有一种叫做蘑芋豆腐的灰色的凉粉似的东西。"蘑芋是吸油的东西，没有油，难吃的滋味可想而知。而汪先生在小说《日晷》中描写的理科教授种兰花，教授夫人卖兰花以贴补家用，当日谅非鲜见，而年轻的助教竟因营养不良而致死，怕也是实情。联大的教学开支，尚要靠三校长之一的张伯苓长驻重庆专筹，师生的生活质素，自是难以维护周全。

这日读黄裳的《音尘集》，不想倒有了另一面的发现。书中有《为美国兵活着的人们》一文，提到了"一个不甚为社会人士所熟习的组织"——清华服务社。黄裳写道：

> 这个组织是由西南联大里面的教授们组成的。主持者是联大的几个校务委员——梅贻琦先生蒋梦麟先生等，里边的人材包括了联大的机械土木教授。他们的业务是接收订货和包建房屋。事实上他们并没有一架机器，只是做着掮客的生意。然而这块牌子是响亮的。美国人是以结识社会名流为荣的。何况这又是中国属一属二的学府，这些教授大都来自美国的大学，他们去兜揽生意自然不是一般普通的掮客可以抗手，这样，昆明的美军营房，飞机场地，和一些发电机抽水机之类的大小生意都落在他们手中，再由他们转包出去，给几个小厂去承做。那一笔佣资很是可观。一位联大的教授，他是教飞机构造学还是什么的已经不清楚了，在几笔生意以后成了学校里的"资产阶级"。我从一个做助教的朋友那里听到这珍奇的故事，他并不曾做过一点事，年终也分到几万元的红利。

作者也承认：

在联大里，文理法学院的教授们大抵清苦得只能吃稀饭过日子，有的人到重庆来开会还不得不卖去唯一的皮袍当旅费，然而这不是全部的事实。工学院就有很多教授是小阔人，因为他们能"学以致用"。

至于学生的赚钱法门，他居然也在《美国兵与女人》中提到一笔：

在蒋梦麟夫人领导之下，昆明的西南联大和云南大学的女生们都起而慰劳盟军参与伴舞，那初意倒是并不为错的，不过后来竟弄得计时论钱，如每小时四元美金，则大为失策，与普通的舞女没有什么分别了。

黄裳的这两篇文字最初发表在《周报》上，后收入《关于美国兵》一书（1947年初版），书出后影响颇大，其时距抗战结束甚近，当事人俱在，但并无人指摘这些细节，想来大致是不诬的了。

抄完上面的文字，有两点感想。其一是看来无论什么时候，乱世也好，盛世也好，学实用技术的学者总归要比基础学科学者的日子好过得多。这在今日社会，也早已见出端倪。明白这一点，学基础学科的人就要会平衡心态，这点前辈学人做得很好，你看那么多当时稀饭度日的文理法师生的回忆文字，全不提这些事，倒要黄裳一个外人来鸣不平。现代社会分工精细，总不能哲学家还像泰勒斯那样去转租磨坊，像叔本华那样去炒股票，语言学家也不能像前辈子贡那样去跑单帮。

另一点感想是而今学术史上的"神话"层出不穷，比如陈寅恪，比如西南联大，比如"自由主义"。其实在中国的许多事情，几千年来实在变易不大。就如西南联大师生的吃饭问题，连最具浪漫气质的教授闻一多都要靠治印的润资度日，汪曾祺和朱德熙拿英汉字典换一顿早饭，于今看来颇有点风流韵事的味道，个中酸辛却不足为外人道。即便是"清华服务社"之类，相信蒋、梅诸先生也是不得已，总不能忍视学校师生挨饿，救得一个是一个吧。

率性莫过闻一多，交友当如朱自清

孔夫子训诫后世的中国人说："无友不如己者。"这句话的关键在于如何理解"不如己"。才强者必傲，反过来，才弱者多逊，才强者以气魄胜，才弱者以气度胜。两种人交往，若趣味相近，遭遇相似，往往能够相得益彰。反倒是一山不容二虎，才强者之间疏离、反目者，在在皆是。

据说李白与王维同居长安多年，却从无交往的记载。反而是比李白小好些年纪的杜甫，上赶着去崇拜李白、思念李白，虽然常常被太白戏谑，两人总算维持着不错的交谊。

闻一多与朱自清，情形与此颇为相似。

众所周知，1946年闻一多被刺后，朱自清在义愤与友情的双重驱使下，将余生中最宝贵的时间与精力都投入《闻一多全集》的编辑工作。他不仅花了整整一年时间来搜集遗文，编缀校正，还发动清华中文系全体同人，分抄分校，连闻一多的一部分遗稿遭了水渍，他也亲自着人揭页、抄写。直到去世前两周，朱自清还手抄了四篇闻一多的佚文，以补全集之缺。《闻一多全集》出版于1948年8月，出版之时，即是朱自清的死期。

但在赞美这伟大友情的同时，我们不要忘了相交的毕竟是两个血肉之躯。那些有点晦暗的细节，无损传奇般的交谊，却更能让我们理解当时的心境。

闻一多是诗人气质的，才华横溢的。他每每让我想起阮籍和嵇康，看人会分青眼与白眼。而朱自清是内敛的，低调的，内心常带有自卑与焦虑。

从演讲风格就可以看出两人的不同。闻一多年轻时口才并不佳，曾因演说成绩不好而降等，自此认为是"大耻奇辱"。他苦练演讲，在严寒的冬夜，一遍又一遍，终于成了一位"少有的天才的宣传鼓动家"（费孝通）。

朱自清则不然，他在五四运动时期便已加入"平民讲演团"，嗣后从教近卅年，上课时仍不免紧张得时时"用手帕揩汗"，一旦说错话，"总不免现出窘迫甚至慌乱的神色"（余冠英）。他上课时不大敢讲自己的观点，总是引述别人居多，曾有学生当面对此提出疑问。

为此，他的课经常选的人极少，他也常常为此忧虑。极端的情况，只有研究生王瑶一个人来上课。有一日，朱自清到了课堂，发现王瑶没来，只好废然而返。

闻一多是李白，朱自清是杜甫。十多年中，两人性情相投，两家过从甚密，却也时有龃龉。从留到现在的文字资料看，伤害往往是发生在朱自清一面。

1942年8月29日，朱自清在日记里写道："昨日闻太太问一多余任教授是否已十年以上？她想不到回答竟是肯定的。由此可了解闻家对我有什么印象！我将振作起来！"

有这样一团疙瘩横在胸中，会让人对琐事更加地敏感起来。第二年的9月6日，闻一多的孩子不告而取，从朱自清书桌上拿走了四本书。朱自清显然将这一举动看作闻家对自己的蔑视，"忍之又忍"，并且怀疑闻家孩子"并无全部归还之意"。18日，他的预想确认了，闻的孩子还来了三本书，却没有杰克·伦敦的那本。朱自清失望地记道："想来那本书是丢了。"最让他不高兴的，是闻家孩子的态度，他是乘朱自清不在的时候来还书的，而且"只字未提丢书的事"。

可是，这些伤害并未影响到朱自清对闻一多的佩服，他的日记里照样充满了"晚间听一多演讲，妙极。非常羡慕他"，"一多未能来国文讲评课，甚遗憾"等对闻一多的赞誉。在对学问的虔诚，对才能的欣羡面前，个人的自尊，似乎总是退居第二位，虽然也不曾忘却。

闻一多被刺后，朱自清立即致信闻一多夫人，除了表示愤怒和遗稿出版事，他还慨然承诺："学校方面我已有信去，请厚加抚恤。朋友方面，也总该尽力帮忙，对于您的生活和诸侄的教育费，我们都愿尽力帮忙……"

一死一生，交情乃见。

孔夫子还有一句话，是"其知可及也，其愚不可及也"。这话后来被人用反了，变成了专骂笨伯的"愚不可及"。读读历史，看看周边，当会明白，闻一多的"贤"是有很多人努力，也会有人达到的境界；朱自清的"愚"却如清风雅奏，春梦易逝。这才明白为什么《朱自清先生哀念集》的题名，会是这样六个字：

最完整的人格。

林徽因为什么只能嫁给梁思成

一、福建人喜谈林徽因

多少年后，林洙成了梁思成的续弦，又成了他的遗孀。她仍然记得小时候上海家里，客人如何频繁地提及梁先生与梁太太：

"林徽因是我们福建的才女。在我们家的客厅经常有些家乡人来拉家常，几乎每次都要提到林徽因，并谈到她嫁给梁启超的长子梁思成的事儿。"（《大匠的困惑》）

读到这里，我脸上会浮起促狭的微笑：如果只是"福建的才女"，为什么这些福建人不大谈谢婉莹？

——同样是才女，"冰心"的文名要响亮得多，而且，谢婉莹是真正福州土生土长的，十三岁才离闽赴京；而林徽因，不过是"原籍福建闽侯"，生于杭州，迁上海，再迁北京，再伦敦，再宾夕法尼亚，一生先是随着父亲宦游，再就是求学、结婚，跟着先生南下北上，与福建的关系，似乎浅淡得很。

又何止林洙家客厅里那些福建人？一百年来，流传、议论、追忆、缅怀……哪一样林徽因小姐不是盖过了冰心女士呢？

个中原因，只好老老实实地承认：一、林徽因长得更好，虽然冰心年轻时亦不弱；二、林徽因嫁得更有名。冰心的公公是谁？有人知道吗？

再有，林徽因的故事更有传奇性。追求过冰心的名人，只有传说中的张恨水（有说"恨水"之名即缘于"恨水不成冰"，待考）。

林徽因麾下，随便排排，现代文学史最著名的诗人、现代建筑史上最有名的大匠、现代哲学史最有名的逻辑学家，儒林文苑，占全了。

然而，这些外部因素，还不能说明林徽因的巨大魅力。她那远负盛名的"太太的客厅"，才是她成为三十年内，无数中外的客厅中话题聚焦点的主因。

二、被误传的一次车祸

我写过一篇《东安市场的一次车祸》：

现在王府井的新东安市场，是六层楼的商厦。旧东安市场不是这样，倒是有点像农贸批发市场，一排排的平房，五花八门，卖蔬菜、果品、旧书、古玩、衣料、西餐……要嘛有嘛。这种地方的秩序相当混乱，所以才会发生著名的沈崇事件，让恪守英美法治精神的胡适先生彻底失掉了全国青年学子的拥戴。

这里说的是旧东安市场发生的一场车祸：

本报讯　日前，一位男青年急匆匆地骑乘摩托车到市场购物，在市场外和一辆汽车相撞，男青年身受重伤，送协和医院医治，医生称可能会留下腿部终身残疾。车祸原因正在调查中。

各位编辑大人，这条消息该放在什么版？社会新闻？还是尾条？好的，不过我要告诉各位，这位青年不是旁人，正是大名鼎鼎的梁启超的大公子，清华大学高材生梁思成。怎么样？是否可以移到"重要新闻"一栏去？

我还想说明，撞人的汽车也有个不一般的主人，他曾经被北京学生以爱国的名义痛打——没错，该汽车所有权属于前驻日公使章宗祥。怎么样？这条新闻不简单吧？

你说这可能是一次政治事件，要把它放到政治新闻版？先不要冲动，还没有任何证据表明章宗祥是要借此报复梁启超挑唆"五四运动"的仇怨。而且梁公子赶到东安市场，的的确确是一个偶发事件。

据知情人称，事发当日，正在西山养病的前外交次长女公子L小姐，和她的追求者们定下了一个赌赛：谁能以最快速度从城内买到刚上市的橘子给她，就证明谁对她最忠心耿耿。有目击者称曾见到梁思成先生的摩托车自西山驶出。在事故现场，确曾留下一包精心捆扎的橘子。显然，摩托车技术超群的梁先生拔得了赌赛的头筹，如果不是发生了车祸的悲剧……

你知道L小姐就是林徽因？咳，你知道就好了，不必登在报上吧。

现在你总算明白了，这则新闻最适当的位置是在：娱乐版。不但是头条，而且还可以作连续报道。据我估计，梁先生虽然因车祸留下了终生遗憾，但赢得L小姐芳心的机会却大大增加，不信我们拭目以待，看看其他人有戏没戏！

这篇文字引来林徽因粉丝的一些小小抗议，亦有别的书煞有介事地"辨正"此事之有无。不妨在此表白一句：梁思成脚部残疾，来自车祸不假，但从《晨报》当年的新闻报道，到《梁启超年谱长编》中所收梁任公给大女儿思顺的信，都说明是梁思成兄弟同往参加1923年"五七国耻"游行，被财政部次长金永炎的汽车撞倒。金永炎不来道歉，梁夫人还大闹了一场总统府。自家人言之凿凿，又有历史材料佐证，当然更可信。

但咱文章里的事，也非空穴来风。材料出自陈从周先生的笔记。其实我一点都不在意其事的真伪。陈从周教授虽然是徐志摩的表弟，但跟梁林两家未必有什么交情，站在同情表哥的立场，对林小姐有所不满，故此记下这则逸闻也未可知……关键在于，就算这则逸事是陈从周道听途闻而来，何以会传成这个样子？这才是我感兴趣的，即所谓"传说中的近代中国"。

鲁迅说过，外号如与本人不贴切，那是随便怎样都叫不长的。你在墙上写一万遍"小三子是王八蛋"，旁人也不会把小三子叫成"王八蛋"，因为不贴切。同样，这则传闻虽然不太雅驯，但能流传开来，说明——所传之事符合林徽因的性格行径，至少符合众人眼中的林徽因形象。

这个小妮子跟所有清末民初出生的世家闺秀一样，跟父亲母亲，大家族里的所有人，都有着一层灵魂的隔膜，"她爱父亲，却恨他对自己的无情；她爱自己的母亲，却又恨她不争气……那个半封建家庭中扭曲了的人际关系却在精神上深深地伤害过她。可能是由于这一切，她后来的一生中很少表现出三从四德式的温顺，却不断地在追求人格上的独立与自由"（梁从诫《倏忽人间四月天》）。这种遭际，张爱玲亦有，而她们俩，不过是两个后来出名的样本。多少当时的锦绣门第，都因了新与旧的伦理冲决，将子女的童年与梦想磨得粉碎!

然而林徽因算是幸运的,她拥有父亲真心的钟爱,十六岁即可以随父亲游历欧洲,长居伦敦。反过来,爱护之愈切,管束之愈严,林总长可不会放任他的女公子走上一条"追求人格上的独立和自由"之路。在林徽因出国之前,梁林两家就已经定下了长子长女的婚事。

梁思成与林徽因,由于双方都名高才显,亲朋戚友,莫不许为神仙眷侣,倒遮盖了这是一桩传统政治联姻的本质。梁启超的说法是,"尽管两位父亲都赞成这门亲事,但最后还是得由你们自己决定"。真是由自己决定?那梁任公日后又何必长篇大论写信去训斥徐志摩"万不容以他人之苦痛,易自己之快乐",暗示你不要来坏老子的好事。

因为,梁林联姻,一开始就已注定。福建、广东,虽然临海,开化最早,家族意识之稳固、家庭秩序之严饬,反居清末民初诸省之上。金岳霖晚年接受采访,评论徐志摩"不自量、不知趣",因为"他们是两小无猜啊。两家又是世交,连政治上也算世交。两人父亲都是研究系的。徐志摩总是跟着要钻进去,钻也没用!徐志摩岁数大,怎么能这样呢"?两小无猜说不上,男女双方1918年才相识,1920年女的就出国了,"岁数大"其实是大叔徐志摩的优势,只有"世家"是正解。老金这个湖南人到底是搞逻辑的,比较清白。

从个人角度看,梁林配,是典型的文艺女搭理科男,林小姐还是在康桥被徐志摩熏陶出来的极品文艺女青年!偏生又长得好，搁现在也是纯美电影女王的人选。1931年，林徽因在北京香山养病，此时梁林已结缡三载，但林徽因还是一副文青范儿："林徽因写诗常常在晚上，还要点上一炷清香，摆一瓶插花，穿一袭白绸睡袍，面对庭中一池荷叶，在清风飘飘中吟哦酿制佳作。"

她的堂弟林宣回忆说："我姐对自己那一身打扮和形象得意至极，曾说'我要是个男的，看一眼会晕倒！'梁思成却逗道，'我看了就没晕倒'，把我姐气得要命，嗔怪梁思成不会欣赏她，太理智了。"梁思成不愧是清华毕业的，一说话就把人堵在了墙上——燕京大学毕业的冰心亦有同感，看她为夫君吴文藻（梁思成的同级窗友）写的"宝塔诗"：

马

香丁

羽毛纱

样样都差

傻姑爷到家

说起来是笑话

教育原来在清华

清华的同学不是学问不好，只缘不解风情，连校长梅贻琦都无辞可解，只得续上两句解嘲：

冰心女士眼力不佳

书呆子怎配得交际花

这话得分两头儿说。吟风弄月，清华学子多不擅长，当丈夫可是百里挑一，其时北平少女择婿，有口诀曰"北大老，师大穷，惟有清华可通融"，可不是随便说说的。

在"买橘子"的故事中，林徽因"骑士公主"模式的欧化情调，美人一念的无边魔力，梁思成清华出身的认真劲儿，超强的动手能力，事故发生后，女方由歉生憾的情感纠结，补偿式的以身相许，再扣着两人终成眷属的结局，这个故事便具备了流传一时的所有元素。谁去在意梁思成林徽因有没有背上娇蛮女与痴情汉的黑锅？公众与舆论不想要平淡的百年好合，要的是波澜起伏的《人间四月天》。

三、给太太的客厅

如林宣所说，"林徽因喜欢热闹，喜欢被人称羡"。这两项恐怕都是梁思成的短板。据说两人头一次约会是去太庙，梁思成展露的才艺是"爬树"，"像猴子般地爬到树梢"。日后的寻访古建筑之旅，林徽因当然能体会到这项技艺的有用。但一位妙龄少女，恐怕很难被爬树打动。

总之，林徽因于这桩婚姻，多少是有些委屈的，即使她理智上也同意梁思成是个好丈夫。她是林长民的掌珠，而林长民，本身性格就带有"要做便做"的暴躁因子。曹汝霖《一生之回忆》极写林长民编造曹卖国的谣言，引发"五四运动"来反对曹，其缘由不过是某年年关下借钱，曹未能及时送去。无论曹是否偏狭之见，以林长民的身份，日后居然应许做郭松龄谋叛的参谋长，死于乱军中流弹下，足可让人咋舌于这位福建人顽强执拗的一面——他的同乡大老如林则徐、陈宝琛、郑孝胥，莫不有类此的强硬孤绝。

不喜欢林氏父女这种"要做便做"的性格的人很多。梁思成的母亲便是其中之一。梁思成对续弦林洙回忆说："在我住院期间徽因常来看我，那时正是炎热的夏天，我有时热得只穿一件背心，她来了就坐在我床边，有时还为我拧手巾擦汗。我妈知道了简直就不能容忍，在她看来，我们正是应当回避的时候。她激烈地反对这桩婚事。"因此梁林的订婚是在梁母去世之后。

梁思成的大姊梁思顺也不喜欢这个弟媳，连带弟弟弟媳的朋友包括金岳霖也不喜欢。如果她知道林徽因在给费慰梅的信里说她"出于嫉妒心，尽说些不三不四话"，而且羡慕费慰梅"嫁给一个独子"，一定更要气疯了。即使与林徽因关系不错的梁思庄，也只好说林徽因是"刀子嘴豆腐心"——如此暴躁的性格，与一般人想象中的名门淑女相去甚远。

"暴躁"不是我说的，是徐志摩对林徽因的评价。于是，

"思成也是可怜，主意东也不是，西也不是"。这种情形落在朋友眼里，"没有不替他们发愁的"。徐志摩在林徽因婚后，仍然好久一段时间纠缠不休，寻瑕伺隙，想必也是觉得自己比梁思成更适合林徽因，至少，更懂得哄她。

家世，地位，美貌，学识，热情，好恭维，家境优裕，再加上那么一点儿精神上的委屈与不满足，这一切铸就了1930年代名噪一时的"太太的客厅"。

老乡冰心女士发明了这个短语，她那则短篇小说直接就叫《我们太太的客厅》，开头点得分明："所谓太太的客厅，当然指着我们的先生也有他的客厅，不过客人们少在那里聚会，从略。"她似乎有些为夫君的同学打抱不平的含沙射影："我们的太太是当时社交界的一朵名花，十六七岁时候尤其娇艳……我们的先生（的照片）自然不能同太太摆在一起，他在客人的眼中，至少是猥琐，是世俗。谁能看见我们的太太不叹一口惊慕的气，谁又能看见我们的先生，不抽一口厌烦的气？"一辈子在作品里宣扬"爱"的谢冰心这里表现出少有的刻薄，原因呢？或许是这句："我们的太太自己虽是个女性，却并不喜欢女人。她觉得中国的女人特别的守旧，特别的琐碎，特别的小方。"

躲在小说里骂人，自然更是"小方"的行为，而且多管夫妇间的闲事，也不免"守旧、琐碎"，林徽因毕竟正是众人热捧的中心，她挥挥手，让人将一坛自己刚从山西带回来的又陈又香的老醋，送给冰心吃用。

林徽因真的不介意？未必。多年以后，金岳霖还在文章里分辩，说"太太的客厅"指的是他在旅馆的房间。虽然其时金岳霖的确有位同居的女性，但那是位外国人，冰心何至于于张冠李戴？这个搞哲学的湖南佬，他只是容不得林徽因的形象有丝毫不完美，挺身出来挡灾罢了。痴情可感，效果可疑。

——冰心也有让林徽因喝醋的时候：抗战中，冰心凭借与蒋宋美龄的前后校友关系，谋得了重庆的职业，并且在战时运输极其紧急之时，动用了三辆军用卡车来装运冰心家的家具行李，这让同在昆明的林徽因，气得咬牙切齿，一味地痛骂"腐败"。

"太太的客厅"会集一时俊彦，有人将之比为弗吉尼亚·伍尔夫的"布卢姆斯伯里集团"。林徽因一定觉得此语深得我心。虽然不能确认她随父亲旅居伦敦时，有没有参加过这个二十世纪文学史上最著名的聚会，但正逢其时，正逢其地，听说过是一定的。说不定正是艳羡那种氛围，那种地位，才让林徽因在十年后造就了"太太的客厅"——当然，她不这么叫自己家的聚会，她在抗战中给费慰梅的一封信中，将之称为"北总布胡同集团"——这愈发证明了我的猜想，她在北京城的尽东头仿造了一个布卢姆斯伯里。

北总布胡同的那所小院吸引了很多才人，也让不少人看不大惯。他们可能多少觉得这种局面是中国古话说的"牝鸡司晨"。十年之后，还有一位晚辈，出了名的促狭派——看辰光他没有参加过北平的聚会，却仍然在小说里毫不留情地挪揄："在一切有名的太太里，她长相最好看，她为人最风流豪爽，她客厅的陈设最讲究，她请客的次数最多，请客的菜和茶点最精致丰富，她的交游最广。并且，她的丈夫最驯良，最不碍事。"（钱锺书《猫》）

站在梁思成的立场，类似的讽笑当然会令人难堪。试想，主人公若换成徐志摩，不闹得醋海兴波才怪！然而梁思成全都忍下来了，或许他本来就对文坛的唇枪舌剑不感兴趣，或许他也能享受这下午热闹的聚会，许多聪明脑袋在一起打架，或许他知道，娶了一个又聪明又漂亮又热爱文艺的老婆，本就是天下第一等危险的事，若不让她的热情找个出口宣泄，老房子有一天着火，那可乖乖了不得！

梁思成到晚年，对着续弦谈到林徽因，评价之高，令人动容："林徽因是一个很特别的人，她的才华是多方面的。不管是文学、艺术、建筑乃至哲学她都有很深的修养。她能作为一个严谨的科学工作者，和我一同到村野僻壤去调查古建筑，又能和徐志摩一起，用英语探讨英国古典文学或我国新诗创作。她具有哲学家的思维和高度概括事物的能力。"他承认了："所以做她的丈夫很不容易。中国有句俗话，'文章是自己的好，老婆是人家的好'。可是对我来说是老婆是自己的好，文章是老婆的好。我不否认和林徽因在一起有时很累，因为她的思想太活跃，和她在一起必须和她同样反应敏捷才行，不然就跟不上她。"

饶是如此，仍然有了到今日还众口流传的"同时爱上两个人"。林徽因与金岳霖相爱，我相信是纯精神层面的。以金岳霖的糊涂与不修边幅（做讲座时从身上随便摸出一个跳蚤来），又哪里强过梁思成了？但是金岳霖头脑有林徽因不及之处，而梁思成似乎没有——连他选择学建筑都是她建议的！

照目前的材料看，梁思成表现出了圣人般的大度，而林、金二人也做出了理智的抉择：让柏拉图之恋留在柏拉图的理想国里。凡夫俗子如我，容易理解金岳霖，不容易理解梁思成。难道他心中就全无一点芥蒂？能忍徐志摩的殷勤已属不易，但毕竟是同一起跑线的对手；老金可是婚后才和梁太太稔熟的。当年能在松坡图书馆贴出"Lovers want to be left alone"来拒绝志摩纠缠，如今却数十年与情敌共居一院，甚至将这份交情延续到儿子一代。叫人不敢相信，又无法不信。

只好换个角度想：梁太太林徽因，说句不敬的形容，是一位"话痨"。且不说北总布时期的"滔滔不绝地垄断了整个谈话"，抗战时，沈从文初到昆明，林徽因正发着高烧，但一径来找沈从文，屋里连椅子都还没有，只有几只草墩子，林徽因拖过一只来，便坐在上面大谈文学。数年后，营造学社从四川李庄回到昆明，林徽因重逢了"北总布胡同集团"的许多老友，大家畅叙别情，用了多长时间？十一天！

看后辈的记载，梁思成不是个爱说话的人。他也不可能回应妻子感兴趣的每一个话题。于是他把她的谈锋、她的机智部分让渡给客厅里的人们，他只保留与她跋山涉水、勘测古建的相濡以沫。看看那些外国的女作家，乔治·桑、伍尔夫，后来的波伏娃，不都过着这样的生活吗？

这故事让人想起儒家先辈子夏的箴言："大德不逾闲，小德出入可也。"梁先生愿意给太太一间客厅，换来一生的厮守，又有什么不好呢？

中国新闻血泪史

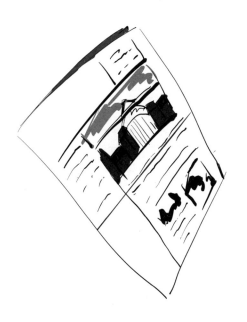

近代，报纸替代了告示

官府告示在民间社会里满盈着权威。

常被举出的一个例子，是武松回家探兄，路过景阳冈。店家劝他道：冈上有虎，晚了出来伤人，"坏了二三十条大汉性命"，不如歇宿一夜，明日成伙结队过冈。为了证明自己所言不诬，店家主动提出"且回来我家，看抄白榜文"。武松却像而今的消费者一样，因为自己是本地人，从来没听说过此事，故此怀疑店家想谋财害命，"把鸟大虫唬吓我"，执意前行。

及至上得山来，看到山神庙庙门上贴着一张榜文，武二郎虽然带着十八碗的酒意，仍然停步细读，而且"方知端的有虎"，几乎想回转酒店。他继续上冈，是因为太好面子，怕回去惹店家耻笑。可见盖着知县大印的告示有着何等的权威。

这个故事里还有一些细节耐人寻味。比如既有官府告示张贴，为什么店家还要"抄白榜文"？为什么离山神庙半里多路，有一棵刮了皮的大树，上有两行文字，提醒路人山上有虎？事实上，告示、大树、店家，构成了信息传播的三级体制，分别针对通文墨者、粗识文字者和不识字者。古装影视中出现官府告示时，往往有人在一旁大声朗读，有时还要解说两句，这也是被指派的或义务的政策宣导员。

那么，如果官府告示能够用白话口语书写，让不通文言者一看就懂，不识字者一听就明，岂不更好？这个想法很好，可是在武松身处的宋朝，似乎还没有白话的告示。

皇帝用白话下谕令的历史比较早，尤其那些出身草莽或异族者。元朝泰定帝的即位诏书便用一种现在看来很古怪的白话写就："今我的侄皇帝生天了也么道……众人商量着，大位次不宜久虚……早就这里即位提说上头，从了众人的心。"明太祖朱元璋给南京国子监的敕谕就很有名："敢有抗拒不服，撒泼皮，违犯学规的，若祭酒来奏著恁呵，都不饶！"清朝皇帝喜欢在臣工奏折上批："知道了。钦此。"有时会批"知道了，此人乃大花脸也，须小心防他"。从康熙到宣统，一以贯之。

但地方告示，大抵出自科名出身的士人之手，难免之乎者也，骈四俪六。我们看三言二拍里的官员断案，明明口中说着白话，一说起判词来，又是哼哼唧唧一大套。道光年间，有一些官员立意革新，用白话做告示，但文人习气压不住，往往文白杂出，听上去像孔乙己说话，让人半懂不懂。

聪明人于是想了个法子，用四言或五言、六言的"韵文"来写告示，而且只有六到八句，这样，"缮写既便，观览亦易"，而且朗诵朗朗上口，便于宣讲与流传。因为是韵文，似乎也不那么粗俗，也不失儒林的身份。

这种像歌谣似的告示通行了许多年。但也得分是谁写，有些韵文告示仍然不怎么好懂，比如左宗棠禁种罂粟的四字谕："谕尔农民，勿种罂粟。外洋奸谋，害我华俗。借言疗病，实以纵欲。吁我华民，甘彼鸩毒……张示邮亭，刊发村塾。起死肉骨，匪诅伊祝。听我藐藐，则有大戮……"别说同治年间，就是21世纪的西北农民，他听得懂这个吗？不过左中堂很得意，居然将之收入《左文襄公全集》，不然我们现在也看不到。

到了有报纸出现，好了，往报纸上发告示，胜过"张示邮亭，刊发村塾"不知多少！而且下级官吏，比左文襄公当然更了解一些民情，身段也就放得更低些。来看1872年，上海县知县叶廷眷发来新创办的《申报》上的告示：

> 该处都台河道，现已筑坝兴挑。出土十丈以外，就近不准弃倒。倘敢贪便倾卸，定即押令挑好。河工黎明上工，勿许挨延缺少。薄暮停工时候，各开水线一条。各董差保夫头，传谕一律遵照。

这已经相当通俗了，可是晚清的启蒙者们还不满意，他们说：要变法，就要开民智，要开民智，就要改革文言，改文言的第一步就是要改变官府告示的文风。像《大公报》主人英敛之说的那样："政府里再出告示，一律改用白话，越浅近越好。有个政令，贴出告示去，叫那认识字的人，念给不认识字的听，念完了大家也就都明白拉，这有多们省事呢。"

这个愿望，经过数年鼓吹，终于在1905年，在京津地区实现了。北京工巡局在这年年底规定，"所有张贴告示，一律改用白话"。

说实话，别看上海比北京风气开得早，实现白话告示这一点，北方比南方便利。为什么？一是京津的口语就是白话，"我手写我口"，不像南方，要先将方言译成官话，再往告示上写；二是天津、北京先设立了巡警制度，巡警跟市民的关系太密切了，就好比街道办、居委会，它出个通知，不能写得像红头文件一样吧？

举个例子，乱倒垃圾这事，从前北京城里是没人管的，所以北京的大街、胡同，一年倒有大半年是臭风远扬。庚子年八国联军分占北京，先是命令，居民不听，为此还出过人命，占领军枪决了好几个人。从那以后风气好了不少，如今设了巡警局，就更得禁止乱倒垃圾啦。他们的告示是这么写的：

　　京师为首善地方。城内关外，大街小巷，应该干净齐整。大小街面住户军民，更应合力齐心，打扫门外街道。近日人情懒惰，相习成风，秽物灰土，全向门前倾倒。前三门外，地窄人稠，街道更难洁净。不但外人瞧见，不成模样，这种恶臭气味，令人受了最容易生病。京师每逢春秋时令，常有瘟疫病症，全因为街上不净，气味传染的原故。每到瘟疫盛行，热闹地方受病的更多。乡村冷落之处，与那深宅大院的妇女，受瘟的很少，这不是个明证么？如此看来，干净整齐，实在于卫生上很有关系。卫生两字，就是保养身体性命，可见打扫街道一事，是生死相关的。你等见了此谕，全要痛改前非。大街上的铺面，各胡同里住户，各将自己门前天天收拾干净。积下灰土等类，断不许在门口乱倒。本局自有土车，按时挨门传唤。如有不遵的，查出一定受罚。自爱的商民，千万知道廉耻要紧。倘敢抗违，定行究办。你等传谕知晓。特示。

这篇告示写得很亲和，《大公报》评为"劝诫勉励，款洽叮咛"。

那个叫梁发的乡下仔

我想写这个人的故事已经很久了。

他叫梁发，又叫梁阿发。一听就知道是广东人啦。他的家乡离广州七十英里（也有人说两百里），不知道是粤东哪个县，总之比较偏远。他家境贫寒，十一岁入学，只读了四年私塾，就来到省城打工。那是嘉庆九年（1804）的事。

他在广州当学徒，学的是画工和木版印刷。干了十余年后，一个洋人来问他，愿不愿意去爪哇国做几年活。他想了几天，好在还未娶亲，去就去吧，家乡去那里的人也很多。这个决定改变了他的一生。

嘉庆廿四年，梁发回到家乡。可是他的身份已经大变，他刻了一些版，印成小册子，分送诸亲友。大家这才知道，梁发已经受洗入了基督教。大家还听说，他在爪哇帮着鬼佬教士刻书，但是和唐山的书不同，那是每月定期出版的，名字老长老长的。

梁发的行径很快被官府发现了，异端！逮捕，烧书，毁版，笞三十。那时洋人的势力远不如后来，但还是足以把他保出来，送回爪哇。梁发虽然吃了些苦头，却让洋老板看到了他的虔诚。四年后，他被聘为伦敦传道会助手，又四年，授教士职。就这样，地球上出现了第一个华人基督教士。

道光十九年（1839），梁发五十岁，他再次回到了广东。他死的时候六十六岁，十六年间，他目睹洋人在中国的势力一天天大起来，中国吃教的人一天天多起来。在后来的几年中，他隐约知道外面天下大乱，可是老迈的梁发不会想到，这场改变了中国历史进程的变乱，跟自己有什么关系。

历史书上说，在梁发回国前两年，他1832年刊行的九卷《劝世良言》已经在广州等地流行。一位来广州考举人落第的秀才无意中得到一本。回乡后，他得了大病，在病中细读了这本书。他又把这本书介绍给了他的朋友们。十年后，他们根据这本《劝世良言》建立了自己的政权——太平天国。

梁发当然不会知道这些。正如他也不知道，他在爪哇帮洋人做的那些事情，有着什么样的意义。在那个后来大家叫作马六甲的地方，他负担了一份中文杂志的刻印和编辑。他毕竟上过四年学，懂得中国人的想法，他来编中文杂志，效果比那些洋人当然要好。

他编的杂志叫《察世俗每月统记传》，如果后世的历史学家没有弄错，那是世界上第一本中文刊物。

1855年3月12日，梁发死于广州。这一年，"中国报业之父"王韬在上海墨海书馆当一名低级编辑,《申报》创办人美查还是个英国小混混,而未来的《申报》主笔蔡尔康刚刚两岁。我们还要等上十八年,才会诞生一个与梁发同乡同姓,凭一张报、一支笔胜过三千毛瑟枪的"言论界之骄子"——梁启超。

蔡尔康，偷新闻

　　光绪初年，上海滩头，同城报战，如火如荼。主要是两报对峙：《申报》与《字林沪报》，史称"上海德比"。

　　两种报都是英商的字号，各为其主，又恩怨甚深。《字林沪报》的主笔蔡尔康，就是申报馆出身，从一个小编辑一直爬到主笔的位子（在当时的洋报馆，华人最高也就到这份儿了），在报界风头无两。可惜后来跟申报馆账房闹翻了，愤然离开就职八年的《申报》，跳槽到正在筹办的《字林沪报》任主笔。

　　这样一位人物，自然处处跟《申报》别苗头，《字林沪报》发刊一个多月，正好碰上朝鲜壬午政变，中日两国矛盾激化，这是天字第一号的大新闻。《字林沪报》虽然刚创办，它可是背靠着大名鼎鼎的《字林西报》，外电外稿，两份报是同时刊出。《申报》没这个优势，时效性差了好多，一下子就被《字林沪报》抢了风头。紧接着中法战争爆发，《申报》立志打个翻身仗，辟出"越南军情"专栏，特派记者前往越南前线报道。可惜当时的法军不知道为什么，把中国去的随军记者赶了回来。《字林沪报》没派记者，就靠着路透社的电讯，报道比《申报》深入，分析也比对手透彻。这一场德比，《申报》又输了。

终于盼到战争结束，和平降临，《申报》的机会来了。这一年是乡试之年，各地举子云集北京，牵动全国。《申报》在北京驻有专员，乡试一发榜，立即用电报发送全部榜文，报纸上特意标明"本报馆自己接到电音"，得意之情溢于言表。蔡尔康当然不愿吃这个瘪，可是自己报纸的洋老板不理解科举对于中国读者的意义，根本不肯花这个钱！

蔡尔康没辙，自个儿想招吧。他的招数是中国人的传统法宝——送钱。他买通了申报馆的排字工人，都是熟人嘛。每天工人下班，偷一份清样给蔡尔康，第二天《字林沪报》原样照登。问题出在《申报》有电码译错的地方，《沪报》也跟着照错。申报馆马上加强戒备，门禁森严，报纸不出街，根本不让任何人出馆！蔡尔康，接着想辙儿吧。

好个蔡尔康，一计不成，又生一计，他去买通了电报局的电报生，要他们收到《申报》北京来电后多留一份。申报馆总不能把电报局的人也关起来吧？当然，此计也不能长久，人家不会把电报明码改成密码吗？再往电报局一告，这条路也断了。

蔡尔康太想赢了。这回他买通的是上海报贩的头目。他将自己的报纸编好后，留着头版的位置，不发。等报贩将凌晨领到的第一份《申报》火速送来，再抢排付印。虽然比《申报》晚些出报，到底报上的新闻不会晚上一日。

损招？你说这些都是损招？蔡尔康被同行称为"当日报界之人杰"，你以为是凭的什么？

《新闻报》是怎么营销的

上海滩上的中文报纸德比，其中一方总是《申报》，另一方是谁，则需要死记硬背。这一次出场的是美商经营的《新闻报》。

《新闻报》算不得生逢其时，之前《申报》《字林沪报》几乎已将上海小小的读者市场瓜分殆尽。尤其是《申报》，树大根深，在内地它几乎就是"报纸"的代名词。《新闻报》能够挤进来站稳脚跟，靠的不是优秀的主笔和访员，而是它的CEO（首席执行官）斐礼思。

斐礼思之所以能取得成功，得益于他的营销策略，也就是说，怎样把新闻"卖"出去，而且卖得比别人好。在三年之内，他实行了《新闻报》营销计划的三大步骤，使《新闻报》很快就获得了上海三分之一的报纸市场。这三大步骤是这样的：

第一步，低定价，高速度。当时《申报》卖十文，《字林沪报》卖八文，《新闻报》只卖七文。《新闻报》还雇用了一批失业的贫民和儿童沿街卖报。后来的新闻业发展证明，雇用报童是一种极易奏效的销售方式，他们会钻遍大街小巷，用各种惹人同情或引人注意的方式换取市民口袋里的铜板。《新闻报》的另一发明是雇用专门的挑夫和快艇运送报纸，这样该报送到长江三角洲各市的时间就比其他两份大报快了一天，一下子就打开了苏州、无锡、常州、镇江等市场。

第二步，争取广告客户。当时上海最大的广告客户是各戏园子，很多人买报就是为了看上面的戏目。但是那些戏园的老板只相信《申报》，连《字林沪报》都无法取得这一份额。《新闻报》刚出版时，斐礼思派人到各戏园抄录戏目，打算免费刊登来扩大影响。谁知戏园老板根本不肯向《新闻报》提供戏目。斐礼思一气之下，干脆命令排字工人将戏目随机乱排，按日刊登，这下造成了上海观剧界的信息混乱。各戏园老板不得不请出有头有脸的白相人跟报馆讲和，不但每天抄送戏目，还定期缴纳广告费。

第三步，制造新闻迎合读者口味。中日甲午战争爆发，自然形成了当年最大的新闻热点。上海各报纸主要依据头天的外电报道战况。中国读者当然希望中国胜利，可是每天的外电译稿都表明中国军队节节败退，就有读者来信指责《申报》"助敌"，还有人出钱要求刊登"倭寇大败"的新闻。斐礼思在此关头展示了他的商人本色，他命令本报编辑杜撰清军胜利的消息，以及清军用"夜壶阵"打败日军之类的"战地趣闻"。于是《新闻报》在中日战争期间制造了一个奇迹，每天的报纸不到中午就卖完，第二天增印昨天的旧报纸，仍然一抢而空。

办一份纯方言的报纸是什么感觉

现在的办报刊者喜欢讲"分众",打的旗号是尊重读者的不同需求与自由选择。撇开大众传媒的欺骗性,这么玩总比八亿人民八个戏要好。回顾历史经验,若是媒体的分众策略彻底到自说自话的地步,可以证明这是一个王纲解纽、礼崩乐坏的转型时代。这样的时代咱们有过,那就是晚清。

其时媒体分众的最极端表现,是狂热地使用方言,以颠覆之乎者也的大一统体系。很多面对中下层社会的报刊,拒绝文言的稿件,欢迎纯净的白话,最热衷直接对各省民众的方言体。以此类推,用方言写啥的都有。有些作品,我只能用"后现代"来形容它们跨越语言和文体的大胆程度。

1905年日俄战争在中国东北爆发,各报争相报道,以上海《笑林报》的一则消息最让人过目不忘。这则消息,不但用白话填"词",而且是用"白话"(广州话)填词。不但用方言填词,而且用词来报道时事!这首词的调子是《满江红》：

> 日本真狠，咁大胆居然开仗。何况佢俄罗斯国，恶成咁样。佢哋贪心人尽识，要将细国全行抢。又怎知今日被人欺，真冤枉。

> 攻旅顺，全力量，波罗的（舰队名），赶唔上。试听佢里面，隆隆炮响。兵卒几多都弹死，尸骸满地冇人葬。佢两家打得咁交关，都难讲。

不过这还只是偶一为之，真正交关厉害的是上海的另一家小报《方言报》，其特点是根据新闻的题材分别使用方言，有如下表：

题材	朝报	奥论	市声	巷议	情话
方言	京话	官话	宁波话	广东话	苏白

几大方言萃于一纸，读者各取所需，才卖六文大钱。要说分众，没有比它更彻底的了。而且从中可以看出晚清人对各种方言特性和使用环境的定位。

美国学者李欧梵曾经发愿写一部真正的"双语小说"，小说的语言在中英文之间自由地跳跃。不过他在兴奋之余又很有些泄气，因为这样的小说怕读者也有限。所以阿英评《方言报》杂用各地方言是"优点在此，缺点亦在此"。这份报纸若是刊载一篇小说，怕会这样写：

> 夫人笑道："老爷，咱们俩方才谈论过朝廷和日本开仗的国家大事，跟住又倾过隔离嘅妹仔同人私奔件事，接下去你我夫妻叙叙旧罢，耐勿要忘记讲苏白，阿好？"

这样的小说，我没有见过，但是晚清小说里有的是叙述用官话，对话用方言（《海上花列传》《海天鸿雪记》），有的是官人讲京话，妓女操苏白（《九尾龟》《人间地狱》），所以这样"众声喧哗"的文字，大概也是"事或云无，理所必有"的东西。

用白话写文章，民众就能看懂？

老中国有自己的一套稳固的科层制度。刑不上大夫，礼不下庶人；民可使由之，不可使知之；万般皆下品，唯有读书高……然而这一切在西方"横的切入"之后，都天翻地覆，支离破碎。中国知识分子先是倾慕"船坚炮利"，接着又觉得可以"中体西用"，六君子的头掉了以后，看破朝廷无可作为，大抵便想到了"开启民智"这条路。

启蒙知识分子说，民心可用，"这一辈子的人，不知便罢，倘然知道了天下的大势，看透了中国的时局，见得到便做得到，断断不像那般读书人口是心非，光会说大话做大文章"（《中国白话报·发刊词》）。如何教导他们知道天下大势？当然不能用须学十数年才通晓的"文言"，而要改用"白话"。

可是，"白话"又是什么样子的呢？这个，几乎没有人知道。尤其对于江淮以南的民众，他们之间并不通用上京赶考必会的"官话"。

胡适后来批评清末的启蒙者，说他们怀有"二元的态度"，文言给"我们"用，白话则给"他们"用。胡适自己也参加过清末的白话办报运动，主编过《竞业旬报》，他应该知道，且不说态度不态度，"白话"是啥样，白话说到什么样子，民众才听得进去，这些启蒙者也是两眼一抹黑，摸着石头过河。相比之下，他们用文言互相交流倒是驾轻就熟。从投入的心力和折腾的程度来看，反而是"白话"成本为高。胡博士未免太苛求包括他自己在内的"古人"了。

一开始，启蒙知识分子也满怀信心，他们觉得"用中国外国正史小说，各种样子参和起来，拿通行的话演成书，又浅又显又简捷，就是妇女们小孩们，一看也明白，不识字的一听也知道"。所谓"通行的话"，就是宋元话本小说式的"白话"。

很快，读者的回馈来了："白话报"文义太深，"十成中到有八九成替党派中人及学生社会说法，若送把我的阿姊阿嫂弟弟妹妹去看，就有些不贪收了"。

这一来，连当时销行量最大的《中国白话报》编辑也不免尴尬，因为他们在《发刊词》里拍着胸脯担保说，"我这白话是顶通行的，包管你看一句懂一句"，一定能让"各位种田的、做手艺的、做买卖的、当兵的，以及孩子们、妇女们，个个明白，个个增进学问，增进识见"。显然，文言翻译成了白话，仍然没法让白话报成为真正的大众读物。

无奈之下，编辑只好回信说：中国国民的范围太广，我们照顾不了那么许多，"我这报并不是一直做给那般识粗字的妇女孩子们看的，我还是做给那种比妇女孩子知识稍高的人看，教他看了开通之后，转说把妇女孩子们看，这叫作间接的教育，所以说话不免高些"。

编辑先生此时，想必还在怨叹自家报纸使用的语言不够通俗，不够口语。其实他们没有弄清楚，真正妨碍大众阅读白话报的，不在于语言，而在于内容。我们试看《中国白话报》"新闻口语化"最极端的一次尝试：

> 中国驻各国钦差，联名电奏请变法，那位满洲西太后，看了奏，勃然大怒，将奏丢在地下，口里说道：唔早已变得蛮好格哉，颐和园里向外国货买得交交关关勒哩，你还要说俉格变法弗变法，唔呀弗高兴格哉。(《中国白话报》第九期)

全用苏白，苏沪一带的民众是否就"贪收"了呢？一个种田的、一个做小买卖的，不了解时局，不懂得政治、外交、国际贸易方面的"常识"，他知道这位西太后为啥不肯变法？就算有人一字一句念给他们听，肯定还是一头雾水，弄弗清爽哉。

求凭空借二百两，救报也救命

清末启蒙报人彭翼仲一生办报，有三次生死关头，这是第二次。

光绪三十年（1904）七月，《京话日报》出版。问问北京九城的老少爷们，什么是报？一准有人告诉你：洋报！福音堂里洋鬼子神父派的小册子，叫个甚《万国公报》，北河沿开洋货铺子的日本人、高丽人，看的那叫《顺天时报》，上面不印咱大清的年号，叫个"明治"！

那都是洋鬼子骗人的玩意儿。瞅着吧，等老团回来，把报馆都毁喽，办报的人，都咔嚓！砍头！

你给他说：这是咱们华人自己办的报，看报可以长见识，可以代游历，可以发财，可以治病，可以省钱……才卖三个铜子一份。

——白给也不要！

在街边树上阅报牌，见天儿贴上一份报，实指望大伙儿看成习惯，知道报是个好东西。没几天，报被撕了，阅报牌被拆烂，塞了哪家的灶膛。

报馆访员上各处地方去访事，谁都是捂着堵着……对你有利的事儿你怕人知道，对你不利的事儿你捂着干嘛？大公馆的门房，嗬嗬，出去，出去，跟赶狗似的。但凡跟报馆有点子来往，就有人背后戳脊梁骨：好好一个人，怎么就当了汉奸！

这报，它能不赔吗？

前半年，赔得一塌糊涂。有人说，是因为张数太少，印刷模糊，所以售路不广。好！老彭把家里住的房子抵押出去，还找亲家借了钱，添了新印刷机，每份报从四版改成六版。

到年底，还是赔。这年关，怎么过？

彭翼仲将箱底子翻了又翻，什么值钱的都没有……终于想起，老太爷留下一块钻石表，总可以抵个几百块的，虽说是老太爷唯一的遗物……太太说，在老宅呢，几个兄弟守着，一时半会儿想取出来，难！

要债的堵在门口呢。

想起一个人，吴幼舲。提笔写条子，以此物为质，求抵二百两银子。当物一时不可得，乞兄凭空暂借二百两。

信送出去。心下忐忑：这样子空手求人，靠得住吗？大年下的，谁家不急用现钱？要是回报说没钱，债主子怎么打发？这报还怎么往下办？

一滴泪滴在空白信笺上，顷刻洇开。抓起一把裁纸刀，试了试锋，飞快。在墙上刻了八个字：子子孙孙，莫忘今夕。持刀，坐定，只等来人报一声没钱，就用它殉我的《京话日报》吧。

硿硿硿，院门捶得山响。太太开门声，交谈声，脚步声。郭四响亮的嗓子："二老爷，吴老爷的钱借得了！"

转过年，《京话日报》继续出版，加赠附张，仍售三文。

主人发配新疆，只为客人长得像孙中山

候补同知彭翼仲，庚子事变后突然弃官不做，于光绪三十年（1904）办了《京话日报》。这份报纸经常批评外国人，指摘朝廷弊政和不良官吏，同时极其反对义和团，也不喜欢南方的革命党。它的宗旨是：开民智，开兵智，开官智。

1906年，《京话日报》已经成为北京影响最大的报纸，日销一万多份。彭翼仲又办了一份《中华报》，每日忙得不可开交。朋友介绍了一对日本的藤堂夫妇（其实丈夫是中国人，叫任文毅，娶了藤堂梅子后，改名藤堂调梅）来北京找他，彭翼仲就将他们安排在京话日报社的后院。一切都很正常，只是那个藤堂调梅，长得实在像一个人。这一点也没人在意，北方民众谁也不认识那个人，除了那些从天津就开始尾随藤堂夫妇的密探。

第二天，北京侦缉队长史伯龙来访。他和藤堂调梅大谈其天，话里话外都在套话。藤堂居然就顺着调子，大谈他此次来京，是要向朝廷上条陈，以挽回国运云云（都是疯话，此人在上海还自称是慈禧太后的私生子）。史伯龙辞去，不久就带人来抓藤堂。彭翼仲勃然大怒，坚决不交人。这下惊动了外城警察厅和民政部。他们会商的结果，认定藤堂调梅就是他们要找的人，于是先逮捕彭翼仲，再去抓藤堂夫妇。

孙中山！藤堂相貌风采，酷肖那位南方革命党党魁！可是毕竟只是像而已，藤堂调梅在北京有很多姻戚可以作证，何况藤堂已经入了日本籍，日本使馆出面，警察厅只好释放。怒不可遏的彭翼仲当然不依不饶，威胁要上诉都察院。北京报界也一齐发动，攻击警察厅非法逮捕报人，摧残舆论。北京警察厅擒虎容易纵虎难，知道一放彭翼仲，此人定不肯善罢甘休，加上平时就对《京话日报》怀恨在心，于是设下了一个陷阱。

他们将彭翼仲移到一所空宅看管，非常优待，还允许彭的小妾入内随侍，又派一名科员朱纶担任"陪伴员"。彭翼仲的小妾听说警察厅对彭意图不利，带了支手枪防身。没几天，朱纶向警厅禀报：彭翼仲不服讯问，擅自开枪，击伤警官。民政部立即具奏朝廷。很快，奉旨：彭诒孙（翼仲）着发往新疆效力十年，《京话日报》和《中华报》查封。奇怪的是，彭的罪名改成了"妄议朝政，捏造谣言，附和匪党，肆为论说"。看来，"孙文事件"只不过是一个引子。此事的主使，据说是袁世凯。

北京舆论大哗。很多市民天天看《京话日报》，早就把彭翼仲当成了好朋友，加上彭经常到戏园子里演说，认识他的人多得数不清。可是谁又能改变西太后的懿旨？启程那天，北京市民齐集大佛寺，达数千人，赠送程仪无算。还有一个《京话日报》的"讲报人"醉郭，自愿陪着彭翼仲发配新疆戍所。

这一去，直到辛亥革命成功，清廷逊位后，彭翼仲才被放归北京。他雄心犹在，复办了《京话日报》，但是人已经不行了。没两年，就将这份报纸交给了他儿女亲家梁济的儿子梁漱溟。从梁漱溟先生身上，依稀能看见他这位姻伯的影子。

你们报人真不识趣，不知道哪壶不开？

光绪三十二年八月（1906年9月），巡警部专折奏参两份报纸，一份叫《中华报》，一份叫《京话日报》——这两份报是同一批人办的，罪名是"妄论朝政，捏造谣言，附合匪党，肆为论说"，请将主笔杭辛斋、彭翼仲"递籍禁锢"，十二日，京师警察厅即逮捕二人。

这起报案颇为蹊跷，因为巡警部的奏折完全不列举犯罪事实，何谓妄论？什么谣言？谁是匪党？外界一概不知。后来，杭辛斋被递解回浙江海宁原籍交地方官监管，彭翼仲则因为关押期间有"持枪行凶"的行为，不是递解回原籍苏州，而是发配新疆十年。

报人为何罹此重罪？有好几件事都是触因，如这两家报纸揭露军机大臣瞿鸿禨纵容卫兵抢掠，连续报道"南昌教案"洋人打死知县，警方怀疑该报社留宿革命党，等等。但最重要的，应该是《中华报》发表的《保皇党之结果》一文。八月十一日，彭翼仲、杭辛斋与友人望桂臣在正阳楼喝酒，席间报馆有人"踉跄奔人"，说：祸将不测，速速藏避，万不可回报馆。彭翼仲立刻对杭辛斋说："《保皇党之结果》发作矣。"这是早有预料。

《保皇党之结果》主要纪录这么一件事：当年六月末，警方在北京逮捕了吴道明、范履祥，解送天津交北洋营务处。二人最终被秘密枪决。枪决的理由，是吴、范二人属于"康党"（他们自称是"保皇党"）。

这件事被《中华报》的访员（记者）知道了，告知报馆，主笔杭辛斋因为事关重大，派专员往天津采访，用了五天工夫，核实死者口供，及"暧昧处死之情形"，证明此事非虚，于是"决然宣布"。报馆当然是知道其中风险的，为什么呢？

此时清廷已宣布"预备立宪"，诏令中对于西方式的司法独立、审讯公开等法治细节，都有所宣示。然而，保皇党人被处决案，完全是黑箱运作。

首先，吴、范两人属于"政治犯"，西方"文明国家"的政治犯，一般不判死刑，只是控制其影响而已。其次，北京被捕，为何送往天津审讯处决？再次，从逮捕至处决，未及十日，外界全无闻见，完全不符合法律改革的精神。

在彭翼仲看来，既然已经宣布了"预备立宪"，还有这样暧昧杀人之事，立宪希望，岂非虚语？他认为主管其事者，上报朝廷必有虚情，偏偏《中华报》《京话日报》，是慈禧太后指名每天必读的报纸（为此两报还曾骄傲地在报头标明"进呈两宫御览")。报纸一旦揭露此事,对"当道"多有不便——这里指的"当道",是天津营务处的直辖领导,直隶总督兼北洋大臣袁世凯。

慈禧太后是被蒙蔽的,还是默许袁世凯秘密处决保皇党人,这肯定已是悬案。但既然预备立宪之诏已明示天下,腾然众口,再用这种黑箱运作的方式捕杀异己,未免说不过去。当局虽然不能遮天下悠悠之口,但惩罚首揭其事的媒体,既可遮羞,亦以泄愤,还能杀一儆百——《中华报》《京话日报》被封之后,京津各报,无敢言保皇党人案者,即是明效。

说起来彭翼仲、杭辛斋还算赶上了当局有所忌惮的好时候。整整一百八十年前,即雍正四年(1726),便有两位报人前辈,因为报道事实,遭了极刑。

这二人名唤何遇恩、邵南山,他俩办的"小钞"上刊登了这么一条消息:"初五日,王大臣等赴圆明园叩节毕,皇上出宫登龙舟,共数十只,俱作乐。上赐蒲酒。由东海至西海,驾于申时回宫。"这条消息本来毫无犯忌之处。坏就坏在雍正在是年端午节前已传谕内外,今年过节不作乐(可能是有灾异之事,皇帝想表示与民同戚)。你偏偏要刊登皇上王公大臣游玩嬉乐的消息,不是"捏造"是什么?于是兵刑两部奉旨"详悉审讯",拟的结论是"捏造小钞,依律斩决"。雍正偏偏还要装模作样,"法外施仁",御笔朱批:"应斩,监候。"死刑立即执行,改成了死缓。(事见王先谦《东

华录》)

何、邵二人有没有躲过"秋决",留下一条小命，我们不得而知。前后一百八十年，两起事件的相同点，在于这些报人并不像后来的邵飘萍、林白水、张友渔，立意是要反抗、颠覆当局，相反，他们的报道与评论，不过是希望帮助朝廷言行一致，更为天下百姓拥戴而已，也即鲁迅所谓"老爷，人家的衣服多么干净，您老人家的可有些儿脏，应该洗它一洗"，不想朝廷不领情，还说你捏造事实，搞得像贾府焦大一般，塞了一嘴的马粪。(《言论自由的界限》)

这当中的奥秘，就在于朝廷自己也知道这么做不光彩，不是什么长脸的事儿，偏偏你们这些报人不识趣，哪壶不开提哪壶。惩治一下，也算是出口恶气，却再想不到事情总是越遮越羞。花刺子模习惯性地杀掉报噩耗的信使，结果若何，大家都见到了。

谁知道《可报》是怎么停刊的

　　现在已经没有多少人知道《可报》了。也难怪，它只存在了短短二十四天，而且那是在1911年，风云变幻的革命年代。就算《可报》的停刊震惊一时，而今它也只能厕身冯自由《革命逸史》中那一长串"与革命党人有关"的报名行列，连一张报样也未留下。除了同时代报人只言片语的转引，反而是在广东巡警道下令停版的"特谕"里，我们才知道这张报纸的言辞与遭遇。

　　停版这事的来由是这样的：1911年4月8日，同盟会员温生才乘着华人飞行家冯如在广州试飞的热闹机缘，刺杀署理广州将军孚琦。此案审结极快，4月14日，温生才被斩首于他持枪行刺的广州东门外。

　　《可报》的经理邹鲁以记者身份到现场观刑——后来人们才知道，他和《可报》同事朱执信、凌子云等人，都是同盟会员。温生才的死，让邹鲁悲愤莫名，从第二日起，连续刊发多篇报道与评论。这些文字，成为广东巡警道王秉恩勒令《可报》停版的主要理由。

巡警道的特谕写得很有意思，一反官府封报馆含糊其词的惯例，逐条批驳《可报》的论述。比如《可报》评论《东门外之今昔观》一文用反语批评温生才"愚不可及"："曾、左、胡、李何尝不是英雄？乃必步趋史、徐后尘，溅血东门，始为英雄乎？"史是史坚如，徐是徐锡麟，都是赫赫有名的革命志士。对此警道的批驳是："温生才不过卑贱之役夫耳……暗杀之扰害治安，不得侪于国事犯之列。与史、徐尚不可同日而语……生前既无足称，身死亦不足惜，尚何英雄之可言？"

另一篇评论《温生才之短枪》写道："嗟夫！天地荒晦，怨毒充盈，短枪之声，劈空而起……呜呼！大陆沈沈，戾气遍于六合，不图白云之陬，珠江之湄，竟有温生才之人，与其人之短枪出，于是温生才之名以存，而短枪亦偕其人以共垂不朽。"警道责问道："似此凶人凶器，该报长言之不足，而咏叹之，表章揄扬，不遗余力，是何居心？"

《行刺将军之凶犯正法》这篇报道，尤触警道之怒，里面写道"记者游东门，见各新军过者，无不向之聚观，观此大有凭吊唏嘘之慨，甚至有流涕者。记者伫立而观此情形，亦为之恻然"。警道质问说，该凶犯身伏国法，死有余辜，怎么会有过客"凭吊唏嘘"？更何况是职在卫国的军人？而且，你们报的记者，居然对此情形，"为之悯恻"，"岂伤心人别有怀抱耶"？这已是在怀疑《可报》的政治立场了。

有记载的《可报》四篇报道评论中，唯有《咄！行政官竟敢蹂躏司法权》一文，警道未予任何评议。温生才之死刑命令，是由两广总督张鸣岐发出。二十世纪之前，这种做法毫无问题，但在清末立宪风潮的背景下，这一点却成了此案的软肋，广东警道完全不提此文，或许是这个原因。

警道特谕转而清算《可报》的另一篇短评《论卖国贼》，该文将"万世一系永永尊戴神圣尊严，不可侵犯之大清皇帝"称为最大的"卖国贼"，按说已是"大不敬"，尤胜章太炎的"载湉小丑，未辨菽麦"。奇怪的是，广东警道并不满足于这一从前属于"十恶不赦"的罪名，进而苦苦追究《论卖国贼》提及的"宁赠朋友，不与家奴"。这句据说出自西太后的名言："赠友不赠奴之语，出自何人，而敢据为典要？该报口不择言，一至于此。律以诋毁宫廷之罪，其将何辞？"特谕就此下了结论："即是无心失检，偶触忌讳，而该报提倡不自爱国之说，足以耸人民愤激思乱之心，而直资乱党之口实，其贻祸不可胜言！"因此，以"诋毁宫廷，扰害公安"之名，命令《可报》"永远停版"。

警道特谕，给《可报》扣的帽子很大。但是，它对报馆设在广州的《可报》，仅限于封报，并没有抓人，这种处理方法，与八年前官厅对待《苏报》案已大相径庭。而且，接到这份特谕后，广州报界公会递送集议公呈，称《论卖国贼》"不外责难于君之意，似与诋毁宫廷有别"，而温生才案报道，也是"就事论事"，"亦不得谓为鼓吹暗杀，扰害公安"，"何至以此等文字，过事深求，使一般人民，或以官吏办理此事，过于操切，致生惶惑"。

公议如此，加之《可报》有广东省咨议局的背景，广东警道态度不免又软了几分。他们同意让《可报》复刊，条件是经理邹鲁需要递交一份"悔过书"。这已经是很宽大的条件了。不妨认为，在全国立宪自强的呼唤声中，广东当局也不得不表现出相对开明的姿态，声称"于言论机关，极力维持，藉以开通民智"，滥封报馆、戕害报人等手段的合法性已经丧失了。

不过，《可报》谢绝了报界公会的美意，拒绝悔过，宁愿让这份刚发行二十四天的报纸终结。我们这些后人知道为什么邹鲁如此强硬：《可报》4月23日停刊，四天之后，黄花岗起义爆发，七十二烈士喋血羊城。

梁启超后来论及辛亥革命时说：推翻清廷，看上去是"红血革命"的功劳，而起事之前，报章鼓动人心，暴露黑暗，是所谓"黑血革命"（油墨色黑之喻），同样厥功至伟。仿佛为他的话做注脚，就在《可报》停刊半年多之后，武昌起义、南北交兵的消息传到岭南。不知是哪家报纸，率先发出了一条上海来电"京陷帝崩"。这条不折不扣的谣言，被粤、港两地报纸争相转载，全城欢声雷动，两广总督张鸣岐被逼出逃，广州就这样不流血地进入了中华民国——血早已流过，不单是温生才与黄花岗的红血，也有《可报》为此流下的"黑血"。

林妹妹为啥不能管贾府？她是南方人

　　近代中国人有明确的"南北"意识，我以为大约是1900年始。之前固然有"南七北六十三省"之说，但究竟是大一统的国度，政治位势、经济水准虽然差距极大，"南北"更多的是文化风土上的意义。

　　1900年庚子事变，慈禧、光绪仓促外逃，东南封疆大吏张之洞、刘坤一、李鸿章却联手促成《东南互保条约》，虽然避免了战祸南延，却也主动拒绝了"勤王"的义务。这一事件对于时人心理的冲击之大，可想而知。

　　1905年，华东诸省水灾，上海善会带头发起募捐赈灾活动，京津一带也多有响应。不过也有北京人说风凉话，说"南省被难又不是俺们北方人害的，与俺们无干"。另一边，北京《京话日报》等团体发起"国民捐"，希望通过国民的共同力量，帮助政府缓纾庚子赔款的压力，"有人听见南方人说，北方人惹的乱子，与我南方人无干，我们不能还这个债"。南北心理暌隔的现象引起了有识之士的忧虑，他们多次投书报章，宣称"同是中国人，就该当彼此怜爱，万不可再分南方北方"。

这种美好的愿望随着时局的发展，变得愈发渺茫。1911年武昌起义、南京临时政府成立的消息连续传来，"南人北伐"的前景是许多北京人，尤其是旗人的大恐惧。而此时，在皇族内阁和袁世凯的铁腕统治下，京师的报纸已经无公正可言，如《民视报》等报甚至公开上书，嫌政府的报律太过宽松，以致"鼓吹共和"的报纸没有得到应有的惩处。

正是这些御用报纸，不断地在版面上发布各种谣言，攻击南方的政府和民众。试摘引当时北京报纸上的几则消息：

（一）上海戏园排戏，让人扮成孙文坐在上座，阶下跪着几名囚犯，背上分别写着河南、山东、直隶、奉天、吉林、黑龙江等字样，革命党对囚犯们鞭挞辱骂，无所不为；

（二）孙文和其党徒平时开会，从来都将北人称为"北狗"；

（三）孙文已经和西方各国签证协议，预先将北方各省的铁路、矿产都赠予各国，以换取他们赞助共和；

（四）长江一带，革命党军严查过往商旅，只要是北方口音的人，一被抓住，即被指为奸细，不经审判，径行枪毙。

这些消息对当时北京民众心理的影响，可想而知。好容易等到南北和议达成，袁世凯受让大位，南方政治、文化精英纷纷北上入京。北京的旧贵族、旧官僚对南方革命党人仍然仇视有加。而某些革命党人以民国元老自居，骄横跋扈，也不免落人口实。当时北京舆论界有一种说法，称"南政府中人多水浒传人物，北政府中人多红楼梦人物"，如孙文像宋江，胡汉民像吴用，黄兴像武松李逵；而北政府中的红楼人物更是成系列，分别是：

> 袁世凯如宝玉，唐绍仪如袭人，庆王似李嬷嬷，段祺瑞似焙茗，赵秉钧似麝月，杨度似晴雯，梁士诒似小红，张勋似薛蟠。

当时还有人在《亚细亚日报》中撰写《新红楼》一则，说的是凤姐病重，贾母老迈，大观园里一时无主，王夫人李纨等一起议论谁能出掌大局。大家说，探春虽然干练，可惜是个庶出；宝钗识大体，可惜自家事情也多；想来想去还是林黛玉，又精明，又清闲，和宝玉感情又好，不如请她当家吧。正商量处，外面仆从、丫鬟、老妈子一起喊叫起来，道是：林姑娘身份固然高些，只是三姑娘是我们家里人，林姑娘是南边人，我们一定不要他的！

言论自由，打人的有，被打的没有

　　民初报界是个奇妙的场域。因为没有报律，有人说那是"报业的黄金时代"。不过，内斗很厉害，打人踢馆的事常有发生。以下这桩算是最有名的。

　　1912年7月5日晚，北京《国风日报》同盟会干事白逾桓、《民主报》同盟会干事仇亮、《国光新闻》同盟会干事田桐，以本日北京《国民公报》所刊时评，称南京临时政府为"南京假政府"。他们率领同盟会系统的《民主报》《国光报》《民意报》《女学报》《亚东新报》等七报工作人员二十余人，前往国民公报馆问罪，将该报经理徐佛苏、主笔蓝公武殴至"口鼻流血，面青气喘，两足跟筋露血出""内外受伤，咯血不支"，并将承印该报的群化印书馆全部捣毁，营业损失达三千六百余元，连带该馆承印的数家报纸也被迫停刊。

　　此案引发震荡极大，中外报纸无不详细报道。消息发到伦敦、巴黎，也引起了轰动：报界同行互殴至于如此激烈，还真是有新闻纸以来少见的事例。

虽然同盟会七报事前约定，此次行动不以同盟会名义，而是"报馆打报馆"，可是明眼人一看就知道，分明是同盟会系对进步党系机关报《国民公报》的政治恐吓。有人推测，这是同盟会企图阻止立宪运动领袖梁启超回国与同盟会争权的手段之一。

很多老同盟会员刘揆一、胡瑛等都对这种暴力行为不满，章太炎更是直称打人者为"暴徒"。不过，孙中山对此事不表态，明显是采取默认态度。

在孙中山看来，革命要想成功，必须有"健全一致之言论"。他曾经半带恭维地对记者们说："舆论是事实之母，而诸君是舆论之母！"在另一个场合他表示：言论自由不是谁都可以享有的，"忠于帝国主义及军阀者皆不得享有此等自由"。

同盟会的思路很明确：要"引舆论为一途"，就不能允许不同的声音出现。警告异端，有时是口头警告，有时是拳头警告。殴人毁馆之后，同盟会七报反而率先提起诉讼，指控《国民公报》"反叛民国，破坏约法，罪据昭然，警厅有捕拿之责任，检查厅有提起公诉之职务，人民有告发之特权"。

此事后来不了了之。最高兴的是大总统袁世凯，他一听说这件事，立刻吩咐秘书处，将每天的报纸分党派进呈，让他可以掌握不同党派之间的斗争状况。

被爱国者误杀的黄远生

　　黄远生，民初名记者，《庸言》主编，《申报》《时报》特派通讯员，撰写通讯脍炙人口，哄传一时，甚至有人说"我国报纸之有通讯，实以黄远生为始"。

　　1915年，袁世凯筹备帝制，聘请黄远生为御用报纸《亚细亚日报》主笔。黄远生不愿意，于9月3日逃出北京，在上海发表声明否认此项聘任。11月中旬，黄远生买舟赴美。12月27日，美国旧金山，他在回旅馆的途中，中枪殒命，凶手未获。

　　死讯传至国内，黄远生生前友好纷纷指责袁世凯利用不成，杀人泄愤。不过，后来的消息却让他们一时哑然。原来杀黄远生的是当地爱国华侨，他们以为黄远生是袁世凯的走狗。

　　误杀！无可奈何的亲友只好含泪为黄远生收集遗作，开会悼念。林志钧、张东荪为《远生遗著》作序，极力辩白黄远生是"我们的反袁同志"。

案情并未结束。1949年之后，在清查北洋政府档案时，发现了黄远生于1913年7月上大总统的一份条陈，略谓："宜由警厅组织特种机关，专司检阅报纸，从法律干涉，并择要编辑为侦探材料。一面组织新闻通讯机关，整齐一切论调、纪事等语。"这很让历史学者吃惊，研究者也只好承认这是黄远生被袁世凯利用的明证。

表面上看，这个条陈是在主张舆论专制，其实呈文的关键在于"从法律干涉"五个字——黄远生一向主张中国应当实行"法治"。他说，法治之国，绝不容许个人的势力存在，新闻当然也必须受法律的规范。黄远生曾经愤愤地对好友林志钧说："新闻记者须尊重彼此之人格，叙述一事，要能恰如其分，调查研究，须有种种素养，同时号称记者的这些人，那一个够得上这个资格！"他说，在这个时代从事新闻，真是"一大作孽事"。

也因为"从法律干涉"这五个字，这份条陈根本未被袁世凯采用，可以直接用收买和暗杀的，何必用法律？

黄远生希望新闻能够规范，他也正死在"新闻不规范"上：杀他的华侨正是信了当地报纸的谣言，才拼死要剪除黄远生这个"袁党分子"。在民初的舆论环境里，要求"新闻法治"，可不是痴人说梦吗？

骗杀邵飘萍的张夜壶，也死于乱枪下

邵飘萍，男，四十岁，1926年4月26日执行枪决。

林白水，男，五十二岁，1926年8月7日处决于天桥。

一个是京报社社长，一个是新社会日报社社长，都是民国初年新闻界风云人物。死期前后相距不过百日，时人称为"萍水相逢百日间"。

邵飘萍白手起家，承继黄远生的位置，担任《申报》《时报》驻京通讯员，后手创全国第一家华人通讯社"新闻编译社"。他1918年创立《京报》，自称宗旨为"必使政府听命于正当民意"。邵飘萍锐意进取，联手北京大学创设中国第一个新闻学讲习班（毛泽东即当时学员之一），又分设《京报副刊》《莽原》等二十三个副刊，一时势头无两。

据新闻史家考证，邵1925年加入中国共产党，则奉系宣判邵飘萍的死罪"勾结赤俄，宣传赤化"并非诬指。

邵飘萍这样办报，哪个政府会有好颜色看？好在他为人非常机警，风声不对，轻则遁入洋人开的六国饭店，重则逃到天津、上海租界，实在不行还可以东渡日本。屈指算算，十四年间，邵飘萍两度游日，三次被捕，坐牢九月，最惊险的一次，还是仿了蔡锷将军的故智，请八大胡同里的相好姑娘假扮夫妇，才得以逃出生天。

此次奉系军队进京，邵飘萍晓得情势不对，早早逃进六国饭店。不过住在洋人饭店，滋味并不好受。邵的好友包天笑说，邵飘萍是个好享受的人，逃难上海时，尚且要住最高级的大饭店，而今离家不过数里，怎耐得如此寂寞？

他开始偷偷溜出去，回家，不过不敢久留，直到碰上了"夜壶"张三。

这张三是一家野鸡报社的社长。有人说他是奉命诱捕，有人说他只是胡吹大气，总之是他向邵飘萍保证风头已过，没有事了。邵飘萍一辈子判别新闻，这次走了眼，他相信了这条消息，收拾行李搬出使馆界。立即就有侦探盯上了他，不几天，邵飘萍的死讯即传出，下令执行的，是北京警备司令王琦。

有头面人物去质问王琦，王琦推说是少帅张学良的手令，又去质问张学良，张学良说是王琦自作主张。"九一八"的谜案，在此先预演了一番。

"夜壶"张三后来因为孟小冬炉杀案死于非命。北京人都说，这是他造口业的报应。

张三被杀这件事，张秋虫的《新山海经》里有记载。

　　说到张秋虫，也算礼拜六派一大家，所谓"苏派以包天笑、周瘦鹃称雄，扬派以李涵秋、张秋虫为魁"。《新山海经》全书的大关目，是北京的红角柳蕙芬和坤伶十月春相好，被十月春的旧相好季次青拿手枪打上门来，一个小报主编白五替他去挡，被打死了。柳蕙芬只好避走上海。

　　正好手边有书，书里有条笔记，名为《野狐张三之死》："大陆日报社长张野狐，素与梅兰芳最契。时有某大吏之子，与名坤伶某交甚密，花费金钱甚多。而某坤伶又欲委身梅郎，大吏子不能忍，拟以手枪对付情敌……"某天梅兰芳到银行家冯耿光处，大吏子跟踪而至，正好张野狐也在，自告奋勇做调解人。张与大吏子乘车去寻那个坤伶不得，又回冯宅。冯耿光此时已电告宪兵司令部，说有强盗持枪抢劫。兵至，即向屋内开枪，将大吏子和张野狐一同打死。然后将大吏子的头悬在正阳门外示众，指为强盗。他父亲明知是自己儿子，也不敢去认。

　　记这件事的，是管翼贤（长白山人）的《北京报纸小史》。管是当时北京报界的名人，他对张野狐的死，认为是"报人不自检点，常与下等人为伍，张氏之死，诚不足惜"。但是他是史笔，所以比较客观。

　　到了张秋虫笔下，那就不同了。他的故事情节，倒是几乎与事实一模一样。可是他先大力渲染柳蕙芬和马二一班人如何荒淫，柳又和庄督办（应指张宗昌）如何如何，后面又写白五（张野狐）如何帮堂子里姑娘办花报，人财两便，还有季次青（大吏子）怎么多次被女人勾引和抛弃。其间还穿插无数的男女苟且奸情，大多都是当时小报的新闻演化夸张而成。

那年梅兰芳离京来沪，上海的京剧名角，纷纷休假一个月，声势之大，并世无两。以梅兰芳的盛名，这种新闻事件，会引起社会多大的关注，可想而知。这样的小说题材，加上张秋虫的名头，销路如何，可想而知。对当事人的侮辱和伤害，也可想而知。偏偏张秋虫老兄，还要在《后记》里此地无银三百两地告白："如果你跳起来自己承认是书中的某某，那只能怪你有相同的事实，不能怪我著书的，因为这不过是无心巧合，我哪里知道你会做这样的事。"这就太狠了！

薛大可跪了，也没保住林白水

　　1926年一个夏日的清晨，天桥春茗园茶馆的小老板唐振宇还在酣睡，蒙眬中听见窗外有人高喊："枪毙人了！"他一骨碌爬起来，奔到天桥早菜市场，"见七八个宪兵从一辆人力车上拽下一个穿白夏布大褂的白发老人。老人被宪兵簇拥着推上垃圾堆坡上，身子尚未立稳，枪就响了，老人倒在地上"，他跑到老人身边，见到"躯体尚在颤动"。

　　被杀的是社会日报社社长林白水，罪名是"通敌有证"。

　　林白水在清末以"白话道人"名世，主编过当时影响最大的白话报纸《中国白话报》，还和蔡元培、刘师培一起主编《俄事警闻》《警钟日报》。在民党元勋里，林白水也有一席之地。

　　入民国后，林白水当过国会参议员。不过他很快就厌倦了直接参与政治，对朋友说，国会"旋仆旋复，直同儿戏"，还是办报痛快。段祺瑞执政时期，他主理安福系（等于是执政党）的机关报《公言报》，俨然北方报界领袖。

那时的北方报纸，绝少不从政客手里拿钱的，林白水当然也拿，不过他拿钱之后，该骂的照样骂。《公言报》是皖系的机关报，但《公言报》第一个揭露的就是皖系议员陈锦涛贿赂议员，不久又揭露段祺瑞结拜兄弟许世英在津浦租车案中舞弊，弄得段祺瑞也十分头痛，北京政界人人侧目。林白水后来为此不无自得地说："公言报出版一年内颠覆三阁员，举发二赃案，一时有刽子手之称，可谓甚矣。"

皖系倒台之后，林白水继续办《社会日报》，也许是资格太老，林白水在报上骂人，从来全无顾忌。读者拍手称快，被骂的人当然恨之切骨。

薛大可这个人，不大被人瞧得起。

想当年，也是热血少年。民国元年跟着杨度创办《亚细亚日报》，既骂孙中山，也骂袁世凯。南京实行报律，他反对，湖南颁布报纸暂行条例，这个湖南人骂得比谁都凶。

斗转星移，一心当帝师的杨度组织筹安会，为帝制复辟摇旗呐喊。小兄弟薛大可自然成了袁党在舆论界的主力，《亚细亚日报》被人称作"元勋报"。袁世凯登基，各团体上表称贺，薛大可在贺表中首创"臣记者"三字，腾笑天下。

《亚细亚日报》打算在上海开办分社，不料数日之内，被人连投了两颗炸弹，连新任主编都被炸死，只好关门大吉。

袁世凯死后，薛大可被列为帝制罪人之一，幸得继任的黎元洪和段祺瑞都不大追究。歇了一段儿，他又出来办报了。

再出场时，已是民国二十五年，张宗昌张大帅进京掌了权。

8月6日清晨，薛大可被一个电话吵醒。家里仆人看见他穿着睡衣，对着电话大吼："什么？！他们真抓了少泉？！"少泉即林白水，奉系入京，林白水仍然坚持他的风格。《社会日报》的"社评"公开指出：奉军的军纪太坏，远不如刚刚撤出北京的冯玉祥军。这已足以让奉系军阀暴跳如雷了，等到骂张宗昌跟前红人潘复为"肾囊"的文章出来，有人悲叹：林白水的死期近了。

薛大可随即呼车，急驰往张宗昌官邸。杨度同时抵达。

张宗昌牌局未散，虽然传令接见，却是一脸冷笑。任由杨薛两人百般劝说，全不理会。

薛大可急了，双膝一屈，长跪不起，声泪俱下："大帅，少泉实不可杀！若杀此人，报界人人自危，首都民心尽失，连外国人都会指责大帅钳制舆论。某等乞留少泉一命，非为少泉惜，实为大帅全誉耳！"

张宗昌有些动容，杨度赶紧再加些盐醋，终于大帅松了口："那就把'立即执行'改成'犹预执行'吧！"（犹预执行，即缓期执行。）

如蒙大赦，杨度急忙寻纸笔来起草命令。薛大可揉了揉膝盖，跪久了，得慢慢往起站。

林白水的命还是没能保住。命令到时，宪兵司令王琦报告：半小时前枪决已执行。此时距林白水被捕才四小时！

也有人说，王琦奉潘复之命谎报了时间。事实是，缓刑令下达后两小时，林白水才被枪决。

外间有人评论说：薛大可生平有两跪，一跪袁世凯，再跪张宗昌。前一跪足以让他打入十八层地狱；后一跪，能把他拔上来五层！

论日本人听花对女性进剧场的贡献

听花，原名辻武雄，一听就是日本人。他是《顺天时报》的副刊编辑。

《顺天时报》是日本外务省的机关报，中国知识分子对之当然没有好印象。听花管副刊版，本来与政治无涉，但中国报纸尤其嫌恶他。因为他酷爱听京剧，不仅听，还捧角儿！

有位中国记者，在背后愤愤地骂："日本人真是无孔不钻，他在梨园行里，也充起大爷来了！"那是咱们的国粹啊，日本人凭什么插一杠子呢？

可是日本人有势力，怎么办？中国各报纸的剧评版上出现了不少关于听花的谣言，什么听花赠药名伶，暗藏杀机呀，什么听花给角儿送礼，角儿根本不收呀，拿现在的话说，把这人给"妖魔化"了。但凡听花主张什么，大伙儿一概反对之。

听花说：不说外洋，天津和上海的戏园子，都已实行男女同座，咱们北京是不是也改改？訇的一声飞来无数反对意见，直斥男女同座的建议"其言词之无识，用意之无味，俨如村野老妇之谈，荡子流氓之语"。

听花又说：京剧是艺术，名伶是艺术家，咱们是不是该提请政府表奖这些艺术家，以此来光大京剧艺术呢？大伙儿又反对：优伶不是下九流嘛，打小就没道德，表奖他们，会败坏社会风气的呀！

反对归反对，听花还是继续他的主张。1917年5月11日，京剧名角谭鑫培去世。听花发表《上黎大总统书》，指名请求追赏谭鑫培。谁都没想到，黎大总统真的于谭鑫培出殡之日派侍卫长送来了赏金三百元，还打算送匾一方。这事儿一出，京剧优伶的社会地位提高不少。

听花最得意之笔，是组织两次大评选，一次是"五大名伶魔力对决"，北京的票友、戏迷，投票踊跃，选票超过一万张，结果刘喜奎夺魁，鲜灵芝次之。另一次规模更大，而且影响深远，那就是1921年的"四大名旦票选"，梅兰芳、程砚秋、荀慧生、尚小云"四大名旦"的名号和排序，就是这么出来的。

编辑张恨水开始北漂

　　张恨水进京之前，已经当过《芜湖日报》的主编。他当这么一份地方报纸的主编，自己觉得学问历练还不大够，希望一面做事，一面读书。于是，这个安徽小青年来到北京，成了一位"北漂"。

　　那时的北漂，比现在强的地方，是有各地的会馆收容他们。张恨水在芜湖会馆落下脚后，就托同乡朋友介绍，想到一家报馆做事。已经是老北漂的朋友给他讲：现在北京规模最大设备最完善的报馆是顺天时报社，但那是日本人办的，去不得，去，他们也不收。最好呢，先进一家小报馆，将来再想办法进大报社。张恨水同意了。

　　他第一次去一家报馆见工，被狠狠地吓了一跳。出得门来，他悄悄地问介绍的朋友："我们要在外省办一张日报，也要弄个营业部，一个杂务房，一个编辑部，一间排字间，一个机器房，一间会客厅，再弄几间房，报馆里人住的。怎么这里只有三间房，也能开一家报馆？"

朋友哈哈大笑，笑他不懂行。北京所谓办报，大多数根本不是营业的，最多印个几百份，还有印几十份的。最厉害的，只印两份，一份贴在报馆门上当幌子，一份上交给出钱办报的人，就完了。这样，一份报只要两个人，满可以撑得起来。

"那，谁去跑新闻？"张恨水还是想不通。

他们根本不跑，晚上进了编辑部，把通信社的稿子一发，就完了。甚至有人直接把别的报纸的版面拿过来重排好，换个报头，反正只要瞒过出钱的大爷就成。

朋友还说，通信社北京城里有十好几家，可是日本人办的，英国人办的，要他们的稿子，都得出大价钱，小报纸根本要不起，只要那些不要钱的通信社发的稿子。

那些通信社怎么维持呢？张恨水又不懂了。

"自然有人津贴他们。"朋友神秘地一笑，"干几天你就明白了。"

张恨水后来进的报纸叫《益世报》，是天主教的资本，母报在天津，在北京又开了个子报。这在北方，就算大报了，光编辑部就有三间房子。张恨水进去，先是当校对，接着，就做了三四版的新闻编辑，算是正式进入了北京报界。

那是1919年，"五四"的前夜。一个默默无闻的小编辑，后来的小说名家，在古老的京城里，面对丑恶的现实，还做着"为民喉舌"和"直言谠论"的梦。

一百万读者，能保史量才的命吗

委员长生气了。他离开座位，在硕大的窗户前踱来踱去。他停下来，回头，牙齿间冷冷地迸出一句话：

"史先生，我手里有二十万兵！"

史先生猛然挺直了腰，试着用与委员长同样的语调和语速回答：

"委员长，我有一百万读者！"

二十万兵与一百万读者，在任何时代，都不会是一个平衡的等式。双方僵持了相当一段时间：先是邓演达被刺，继而杨杏佛被刺。杀鸡给猴看。

最后，委员长的耐心到了尽头，1934年11月13日下午，史量才及家人一行六人被刺于沪杭道上。史曾试图逃跑，数枪齐发，他倒毙在一个干水塘中。

史量才以蚕桑业起家，1913年，他从席子佩手里接过了《申报》，1929年他又购进了《新闻报》的三分之二股权。这不得了，老上海说到报纸，无非是《申》《新》两报，他一个人占全了！两报的销量合计二十三万份，以一份五人的传阅量，一百万读者，绝非虚言。

史量才从福开森手里收购《新闻报》后，《新闻报》的职工一点都没有因为该报从外国人手里回到中国人麾下而高兴。他们想不通：咱们一直在跟《申报》顶着干，怎么一夜之间，连自个儿都变成人家的雇员了呢？从总经理以下，大部分员工打算罢工、辞职。《新闻报》摇摇欲坠。

史量才立刻发出公告：本人只占有《新闻报》股份，一应编辑出版事宜，概不插手。史量才知道，《新闻报》办得好，不是美国佬福开森的本事，而是总经理汪汉溪的手腕。汪汉溪虽逝，其子汪伯奇继任后，萧规曹随，守成有余。所以直到史量才被刺，汪伯奇一直是《新闻报》的总经理。《新闻报》也一直是《申报》的竞争对手。

《中国新闻纪录大全》将《申报》评为"旧中国最有影响的报纸"，将《新闻报》评为"旧中国经营管理最好的报纸"。

如果史量才将《新闻报》的全班人马换掉，会怎样呢？历史无法猜测。

扬州兼职记者许蔼如之死

"二十四桥明月夜"的扬州，到了民国十六年（1927），早没了当年盐商云集、财货辐辏的盛况。平山堂前桃花渡，瘦西湖侧柳絮红，景物依旧，却向哪里去觅风流太守风流诗？前些年有个大小说家李涵秋，做一部《广陵潮》，专写民元后的扬州，才见得清角吹寒，都在空城，百代繁华，只剩得二分明月，与一座萧条衰败的旧江都。

几个月前，从江南哗啦哗啦地退下来许多兵，一气涌进扬州城，找房屋，征粮草，人欢马叫，倒是给素常清静的街道添了几分喧腾。只是家家紧闭门户，反显出这一份热闹的诡异。这些年，兵来兵往，马蹄都快把大街的青石板踏碎了，扬州人大约也麻木了。只要地方绅商维持得住，这些兵不至于烧城掠户，就随他们去吧。

有一个人不这样想。

此人叫许蔼如，是城东利源记当铺的少东，家境不错。许蔼如年轻时，曾经被家里送到上海读过两年大学，算是新文化人。回乡多年，日子倒也安稳，吃早茶，�晚浴，平日常见他跑衙门，或者在街头握一管笔，往本子记些什么。然而人是很好的，遇见叫花子，照例是五六个铜元，家里生意虽不大管，也并没有坏下去。

这样一个人的名字，突然出现在县衙门前的告示上，打了红钩。

媒体如此报道这几天的局势：

> 1927年8月24日，北伐军在大胜关附近发现孙传芳军队乘坐大批民船渡江。从这一天起，十余万南北军队在长江两岸开始了长达七昼夜的血战。史称"龙潭之役"。

由于渡江中流遇袭，孙传芳虽有英国炮舰的掩护，仍然难逃一败。30日夜，孙军丢下一万余名俘虏和两万余支枪，溃逃回江北。经此一战，北伐成功，已指日可待。

南京政府有没有及时收到孙军渡江的情报，众说纷纭。但就在8月24日当天，上海《申报》《新闻报》都用三号字在头版登出了"孙传芳军队即将渡江"的报道。掐算时间，报馆得到消息时，孙传芳军队的船只还没有出发。

许蔼如在上海读的是商科，但他对做生意兴趣不大。倒是每天读的《申报》和《新闻报》，让他对记者这个行当生出了羡慕之心。回乡后，他主动去信上海两大报，愿意担任两报在扬州的访员。

当时上海的大报将全国各地区通讯划分为几个等级：首都北京，自然是一等；天津次之；汉口、广州又次之。湖南河南这些南北交战的要地，不过是三等。小小一个扬州，既非战略重镇，亦非通商口岸，只怕要排到五等六等去了。许蔼如有没有新闻稿寄来，大报馆的编辑根本不会在乎。只有许大少自己，总觉得有乖职守，一个访员，找不到新闻，算什么呢？

孙传芳军队北撤，驻防扬州，百姓都怨气冲天，许蔼如倒觉得是一个机会。不过孙军驻防以后，扬州的邮电检查骤然收紧，有消息也传递不出去。等到孙军将要渡江的消息传来，许蔼如再也按捺不住内心的冲动，冒险跑到电报局给上海发了个电报，电文只有四个字"孙军渡江"。

许蔼如的电文究竟是怎么通过宪兵的检查的？谁也说不清。只知道渡江失败的第二天，就有人将许蔼如发电报的事，报告了扬州防守司令。

扬州防守司令刘士林，是孙传芳的外甥。他一听说这件事，立即下令逮捕许蔼如。许家在扬州，也算是有头有面的大户，许太太到处请托，可是军队的事情，谁敢拍胸脯？一直拖了四五天，最后由本城商会出面，三百多家商铺联名作保，刘司令才松了口。

许蔼如是被担架从县狱抬回家的，脊背被皮鞭子打得稀烂，人只剩了半口气。许太太哭得死去活来，旁边的人只顾劝：人回来就好，养伤要紧，吃一堑，长一智，将来莫再和背时的报纸打交道啦。

许蔼如的背伤还没有换第二遍药，孙传芳到了老河口。

刘司令把许蔼如发电报的事，一五一十报告孙传芳，还添了句话："要不是许某发这个电报，南京政府不会早作预备，我们也不会败得这样惨！"

宪兵们把许蔼如从家里床上拖了出来，一直拖到老河口的河滩上，两挺机关枪不停地扫射，直到把许蔼如打成肉泥。孙传芳还下令，江边曝尸三日。

隔天，衙门贴出告示，告示上说，许蔼如充当奸细，出卖军情，现已依律正法，以儆效尤。

诛杀奸细，何代无之？不过，许蔼如与过往的奸细不同，他不是为了钱财（当时各地访员没有固定薪酬），也不是基于政治信仰。他的初衷，只是想尽"访员"的职守，为中国人刚刚熟悉的"舆论"贡献一点力量。

《大公报》复刊的创始人之一张季鸾这样评价从晚清到民初的中国报人："中国报人本来以英美式的自由主义为理想，是自由职业者的一门。其信仰是言论自由，而职业独立。对政治，贵敢言，对新闻，贵争快，从消极的说，是反统制，反干涉。"

一部中国现代舆论史，字里行间，不仅油墨濡染，更有血迹斑斑。许蔼如的事迹，若不是有位同乡偶尔记了一笔，还有谁会记得他？即便是当年名震一时的报人，又有几位不是寂寞地留在史书晦暗的角落里？

图书在版编目（ＣＩＰ）数据

野史记 / 杨早著. -- 北京：北京联合出版公司，
2023.6
　　ISBN 978-7-5596-6825-7

　　Ⅰ.①野… Ⅱ.①杨… Ⅲ.①中国历史 - 野史 Ⅳ.
①K204.5

中国国家版本馆CIP数据核字(2023)第060176号

野史记

著　　者：杨　早
出 品 人：赵红仕
选题策划：后浪出版公司
出版统筹：吴兴元
责任编辑：牛炜征
特约编辑：张宇帆　林立扬
营销推广：ONEBOOK
封面设计：杨　慧

北京联合出版公司出版
（北京市西城区德外大街83号楼9层　100088）
后浪出版咨询（北京）有限责任公司发行
河北中科印刷科技发展有限公司印刷　新华书店经销
字数196千　787毫米×1092毫米　1/32　10.25印张
2023年6月第1版　2023年6月第1次印刷
ISBN 978-7-5596-6825-7
定价：80.00 元